KB117629

썬킴의 거침없는 중국사

일러두기

· 작가 특유의 화법을 살리기 위해 구어체로 작성되었습니다.

· 주요 인명, 지명 등은 국립국어원 외래어표기법을 따르되 일부는 소리 나는 대로 표기했습니다.

· 언론매체, 영화는 〈 〉으로, 단행본은 《 》으로 표기했습니다.

썬킴의 거침없는 중국사

지은이 썬킴
펴낸이 임상진
펴낸곳 (주)넥서스

초판 1쇄 발행 2023년 4월 10일
초판 10쇄 발행 2024년 10월 25일

출판신고 1992년 4월 3일 제311-2002-2호
주소 10880 경기도 파주시 지목로 5 (신촌동)
전화 (02)330-5500 팩스 (02)330-5555

ISBN 979-11-6683-538-4 03910

www.nexusbook.com
지식의숲은 (주)넥서스의 인문교양 브랜드입니다.

신화시대부터 청나라까지

영화처럼 읽는 중국 역사 이야기

썬킴의

거침없는

중국사

썬킴 지음

지식의숲

가깝고도 먼 나라 중국의 역사 꿰뚫기

우리가 종종 일본을 보고 '가깝고도 먼 나라'라고 부르지요. 일본이 가까운 건 정말 지리적으로 가까운 것도 있고 민족과 문화도 어찌 보면 한 뿌리기 때문입니다. 반면 일본이 먼 이유는 35년간의 일제 강점기 때문에 마음이 멀어졌다는 뜻이지요. 그런데 사실 일본보다 중국이야말로 우리와는 정말로 가깝지만 너무나도 먼 나라일 것입니다.

엥? 그게 무슨 말이냐고요? 중국을 너무 잘 아신다고요? 오늘 점심도 짜장면 드셨다고요? 일단 음식부터 우리와 아주 멉니다. 우리가 중국집에서 먹는 짜장면, 짬뽕, 탕수육은 사실상 중국 음식이 아닙니다. 실제 중국 여행 다녀온 분들 대부분이 '현지 음식' 때문에 생고생했다는 분들이 많아요. 그 강력한 향신료와 "비누 먹는 것과 같다"는 고수풀 때문에요. 일본 여행 다녀온 분들 중에 일본 음식 때문에 고생했다는 분은 안 계시지요. 그런데 중국 현지에서 먹는 중국 음식은 누구에게는 쇼킹 그 자체일 정도로 우리와는 정말로 거리가 멉니다. 그만큼 차이가 큰 것이지요.

그리고 우리가 또 중국을 멀게 느끼는 이유는 바로 중국 역사 때문입니다. 많은 분들이 "난 중국 역사에 대해 잘 알아"라고 해도 막상 초한지, 진시황, 삼국지, 당태종, 명나라, 청나라 정도만 단편적으로 알고 중국이 대륙에 등장한 이후 여러 왕조가 어떤 과정을 거쳐 오늘날의 중국이 만들어졌는지 '큰 흐름'으로는 잘 모르는 것이 안타깝지만 사실입니다. 일단 중국사는 외워야 할 나라 이름과 인물이 너무 많아요. 그리고 '위진남북조', '5대10국' 같은 시대는 너무 지루해서 그냥 책을 집어 던지고 싶지요.

그런 반면 중국은 우리와 너무도 가까운 나라입니다. 고조선을 멸망시킨 나라도 중국 한나라고 우리에게 불교 등 신문물을 전해준 것도 중국입니다. 그리고 동아시아 최강 국가 고구려를 멸망시킨 것도 중국 당나라였죠. 임진왜란 때 조선에 병사를 파병해준 나라도 중국 명나라였습니다. 일제가 우리나라를 강점했을 때 우리 독립운동가들이 나라를 찾기 위해 활동한 곳도 중국의 만주였고 임시정부를 세운 곳도 중국이었지요. 한국전쟁 때 엄청난 규모의 파병을 해 참전한 나라 또한 중국이었습니다. 우리 역사를 이해하는 데 중국을 떼놓을 수 없는 것이죠.

중국은 애증의 나라입니다. 좋아하는 마음이 들다가도 미워하게 되는 나라가 중국이지요. 우리가 중국을 어떤 식으로 바라보는지를 떠나 한 가지는 분명합니다. 바로 우리가 중국을 알아야 한다는 것이죠. 중국이 어떤 나라인지 알아야 우리가 좋아하든 미워하든 하겠지요. 중국을 알기 위해서는 중국 역사를 정확하게 이해하는 것이 중요합니다.

우리 주변에는 수많은 중국사 책들이 있습니다. 물론 저도 그런 책을 보고 중국사를 공부했지요. 그러나 대부분이 솔직히 너무 어렵게 설명되어 있어요. 그렇기에 이 책은 중국사를 처음 접하시는 분들, 그리고 단편적으로 알고 있는 중국사를 하나의 흐름으로 이해하시려는 분들을 위해 썼습니다.

이것 하나는 꼭 기억해야겠습니다. 중국을 싫어하든 좋아하든 우리와는 역사적으로 떼려야 뗄 수 없는 관계라는 것을요. 우리를 이해하기 위해서라도 중국을 이해할 필요가 있다는 것을요.

흥미로우면서도 거침없이 역사의 장면들을 써 내려가는 썬킴 작가. 세계사에 이어서 이번에는 중국사를 내놓았다. 광활한 영토와 오랜 역사를 보유한 중국 역사의 핵심 키워드는 분열과 통일이다. 저자는 이 흐름을 정확하게 꿰뚫어보면서 방대한 역사를 거침없고도 쉽게 정리해나간다. 책을 한번 읽으면 쉽게 손에서 놓지 못하는 데는 박진감 있게 전개되는 문장과 함께 머리에 쏙쏙 들어오는 적절한 비유들이 큰 몫을 한다. 각 시대와 국가들의 특징을 정확하게 포착한 소제목들은 이 책의 또 다른 매력이다.

– 신병주 건국대 사학과 교수

이야기의 보물창고인 중국사에 접근하는 것을 가로막는 가장 큰 장애물은 그 방대함일 것이다. 부위별로 포장되어 설명하는 태그가 부착되지 않은 상태라면, 아무리 맛있는 한우라고 해도 소고기의 더미일 뿐인 것과 마찬가지다. 거대한 중국 역사의 덩어리에서 육즙이 줄줄 흐르는 맛있는 부위로만 쏙쏙 발라내어 소화하기 편하도록 맛있는 양념까지 쳐서 구워주는 조리기능장이 있으면 얼마나 좋을까 하고 생각했던 분들은 지금 바로 이 책을 집어 드시길! 역사, 그리고 이야기라는 재료를 다루는 데 있어 최고의 실력을 가진 마스터 셰프의 중국사 특선 요리 한 상이 펼쳐질 참이니까.

– 탁재형 다큐멘터리 PD, 여행 저널리스트

차례

1 신화의 시대

2 춘추전국시대

3 역사 속 초한지, 그리고 삼국지

영화로 보는 중국사 | 적벽대전

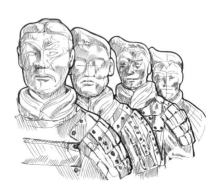

4

분열의 중국 대륙

5

돈으로 산 평화 그리고 몽골의 원

6 명나라와 대륙을 차지한 만주족

요임금

요순시대

삼황오제 가운데 맨 뒤의 두 사람! 바로 '제요, 제순' 즉 '요임금, 순임금'입니다. 이 두 임금이 다스린
중국이 중국 역사상 가장 평화로웠던 시대였다고 합니다. 그래서 이 태평성대를 두 임금의 이름을 따서
'요순시대(堯舜時代)'라고 하지요. 물론, 이 요임금, 순임금이 정확하게 언제, 어디서 중국을 다스렸는지
그 자료와 증거는 없어요. 그래서 아직까지 중국 역사에선 '신화의 시대'로 퉁쳐버린답니다.

1장

신화의 시대

BC 170만 - BC 8000

신화시대

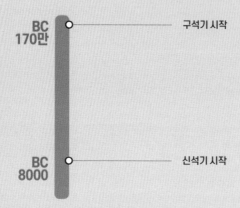

BC
170만 ────○┄┄┄┄┄┄┄┄┄┄ 구석기 시작

BC
8000 ────○┄┄┄┄┄┄┄┄┄┄ 신석기 시작

반고가 천지를
창조했을 때부터(盤古開天地)

　　세계 어느 나라든 나름의 천지창조 신화가 있어요. 당연히 중국도 천지창조의 스토리가 있답니다. 바로 '반고(盤古)'의 신화인데요. 중국인들은 이 반고란 인물이 세상을 만들었다고 믿어요. 많은 중국인이 입버릇처럼 '아주 처음부터'란 뜻으로 "반고가 천지를 창조했을 때부터(盤古開天地)"라는 표현을 쓴답니다. 그만큼 반고를 '태초'란 뜻으로 중국인들이 생각하고 있다는 것이죠.

중국의 창세신, 반고

　　자, 이제 이 반고라는 '천지창조의 주인공'을 설명해드릴게요. 여기서 중요한

점! 반고는 중국만 창조한 것이 아니라 온 세상을 창조했다고 중국인들은 믿고 있다는 것입니다.

먼저 대부분의 천지창조 신화가 그렇듯 반고가 언제 살았는지는 정확히 알려지지 않았어요. 그냥 '먼 옛날'에 살았던 것으로 퉁치고 넘어간답니다. 옛날 옛날 아주 먼 옛날 온 세상은 아직 혼돈과 어둠만 있던 하나의 거대한 달걀과 같은 알이었어요. 그 알 속에서 반고는 잉태되었고 태어난 뒤 1만 8,000년 동안 잠만 잤답니다.

그러던 어느 날 잠에서 깨어난 반고는 주변을 둘러보고 화가 났어요. 너무 좁고 아무것도 보이지 않아 답답했던 것이죠. 그래서 큰 도끼를 하나 가져와 마구 휘둘러 그 알을 깨뜨리고 말았답니다. 그러자 알 속에 있던 가볍고 밝은 기운은 위로 올라가 하늘이 되었고 무겁고 어두운 기운은 아래로 가라앉아 땅이 되었어요.

이렇게 하늘과 땅이 생겼어요. 반고는 그 모습이 너무 좋았어요. 그래서 걱정이 되기 시작했답니다. '하늘과 땅이 다시 하나로 붙어버리면 어쩌지?'란 걱정이었죠. 반고는 벌떡 일어나 손을 위로 뻗어 하늘을 받치고 다리로 땅을 누르기 시작했어요. 하늘과 땅이 서로 붙지 말라는 것이죠. 그런 상태로 시간은 흘렀어요. 반고도 무럭무럭 자라기 시작했고 그만큼 하늘과 땅 사이도 점점 벌어지기 시작했어요. 그 시간이 무려 1만 8,000년이었답니다. 너무 힘에 부친 반고는 그만 쓰러져 죽고 말았어요. 불쌍한 반고는 태어나서 별로 한 것이 없었어요. 그러나 죽고 나서 세상에 큰 영향을 끼쳤답니다.

반고가 쓰러져 죽고 난 후 반고의 입에서 나온 숨은 바람과 구름이 되었어요. 그리고 마지막 목소리는 천둥소리가 되었답니다. 또 왼쪽 눈은 태양, 오른쪽 눈은 달이 되었어요. 사지와 몸통은 산맥과 넓은 평야가 되었고 피는 강물, 핏줄은 강이 되었어요. 살은 흙이 되었고 머리카락은 하늘의 별, 뼈는 돌과 금속이 되었다고 중국인들은 믿어요. 자, 어쨌든 반고가 천지를 창조했다면 과연 누가 인류, 즉 인간을 만들었다고 믿는지 궁금하시죠?

여와(女媧),
인간을 만들다

중국 역사는 일반적으로 삼황오제(三皇伍帝)로부터 시작되었다고 중국인들은 말해요. 삼황오제란 3명의 황(皇), 즉 3명의 임금(皇은 '임금 황')과 5명의 제(帝), 즉 5명의 임금(帝도 '임금 제' 자)이란 말입니다. 이렇게 중국인들은 총 8명의 임금이 중국 역사를 최초로 시작했다고 믿는답니다. 나중에 또 설명하겠지만 중국을 최초로 통일한 진시황은 중국 역사상 처음으로 '황제(皇帝)'란 타이틀을 쓰는데 그 이유는 "중국을 통일한 자신이 세상 넘버원이다!"라는 것을 과시하기 위해서 삼황의 '황(皇)' 그리고 오제의 '제(帝)'를 합쳐 '황제(皇帝)'라고 스스로 칭했던 겁니다.

그런데 문제는! 이 삼황오제가 누구누구인지 정확하게 설명이 안 된다는 것이랍니다. 어느 지역, 어떤 사람은 삼황오제를 '누구, 누구' 5명이라고 하고 또 다른 어느 지역에 가면 삼황오제를 '아무개, 아무개' 5명이라

山海經第十六　大荒西經

女媧補天

인간을 창조한 여신, 여와

고 해요. 한마디로 확실히 정리가 안 된 상태입니다. 게다가 이들이 신인지 인간인지도 헷갈려요. 오죽했으면 중국의 대표적인 역사서인, 기원전 한나라 때 사마천(司馬遷)이란 사람이 쓴 《사기(史記)》에서는 아예 삼황오제의 앞부분, 삼황 시대를 과감하게 삭제해 버렸답니다. 당시 사마천은 뒤의 '오제' 부분도 확실하지 않지만 특히 앞의 '삼황' 부분을 정식 역사에 집어넣기엔 상당히 허풍이 심하고 정리가 제대로 안 되었다고 본 것입니다.

하지만 여기서 하나는 주목해야 해요. 삼황오제 가운데서 유일한 여신이 있어요. 바로 여와(女媧)란 신이에요. 중국인들은 이 여와가 인류, 즉 인간을 만들었다고 믿어요. 어찌 만들었냐? 성경에서 하나님이 인간을 만드는 과정과 비슷합니다.

반고에 의해 천지가 창조된 후 여와는 신천지를 즐기고 있었는데 너무 심심한 거예요. 그래서 진흙을 물과 섞어서 작은 인형 같은 인간을 만들기 시작했답니다. 그런데 이 핸드메이드 인간을 일일이 만들기에 너무 지치는 것이었습니다. 그래서 여와는 꾀를 부려요. 긴 나무줄기 하나를 가져와 흙탕물에 튀기기 시작했어요. 그랬더니 그 흙탕물 물방울 하나하나가 인간이 되기 시작합니다! 신이 난 여와는 계속 흙탕물을 튀겼고 어느새 신천지에는 인간들로 가득하게 되었답니다. 물론 허구지만 최근엔

"인간은 원래 불평등하게 태어났다"란 것을 보여주기 위해 이런 스토리가 만들어졌다고 주장하는 사람도 있어요. 즉, 여와가 직접 빚어 만든 '선택받은 소수' 그리고 흙탕물로 대충 만들어진 '일반 대중' 이렇게 말이죠. 말은 그럴싸해요.

요임금과 순임금, 태평성대 '요순시대(堯舜時代)'를 열다

중국인들은 일반적으로 삼황을 '복희(伏羲)', '여와(女媧)', '신농(神農)' 이렇게 3명의 임금으로 생각합니다. 그리고 오제는 '황제(黃帝)', '전욱(顓頊)', '제곡(帝嚳)', '제요(帝堯)', '제순(帝舜)' 이렇게 5명의 임금으로 생각한답니다. 다시 한번 말씀드리지만 이것도 케이스 바이 케이스로 그때마다 인물이 바뀐답니다. 굳이 외우실 필요는 없어요. 하지만! 이건 외우셔야 합니다. 삼황오제 가운데 맨 뒤의 두 사람! 바로 '제요, 제순' 즉 '요임금, 순임금'입니다. 두 임금이 다스린 중국이 중국 역사상 가장 평화로웠던 시대였다고 합니다. 그래서 이 태평성대를 두 임금의 이름을 따서 '요순시대(堯舜時代)'라고 하지요. 물론 요임금, 순임금이 정확하게 언제, 어디서 중국을 다스렸는지 그 자료와 증거는 없어요. 그래서 아직까지 중국 역사에서는 '신화의 시대'로 통쳐버린답니다.

그럼 과연 정말 이 요순시대에는 살인도 없고 사기도 없는 천국과 같은 태평성대였냐? 그건 아무래도 불가능하겠지요. 사람 사는 동네 다 똑같아요. 당시에도 분명 길거리에서 술 먹고 싸우는 인간도 있었을 테고 막말로 층간 소음(?)도 있었을 겁니다.

단, 두 임금을 후대 중국인들이 우러러보는 이유는 다음과 같이 추론이 가능해요. 두 임금이 대략 나라(사실상 거의 부족 국가겠지만)를 통치했던 지역은 지금의 황하(黃河) 지역으로 본답니다. 이 황하라는 강은 지금도 마찬가지지만 '누런 강물'이 수시로 범람해서 주변을 아수라장으로 만들어버리는 골치 아픈 강이었어요. 강물이 누렇다는 건 여러 가지 양분이 풍부해서 농사 짓기에 적합한 물이란 말입니다. 그래서 강 주변으로 '황하문명'이 생긴 것이지요. 하지만 문제는 이 강이 시도 때도 없이 범람을 한

오제(五帝) 중 요(堯)임금

다는 것. 그래서 기껏 지은 농사를 다 망쳐버린다는 것이었습니다. 합리적 추론으로는 요임금, 순임금이 다른 민생 문제보다 이 황하의 치수(治水, 물을 다스리는 것)에 거의 올인했다는 것입니다.

심지어 '다스리다'란 한자인 '치(治)'도 풀이해보면 '물을 다스리다'라는 의미일 정도랍니다. 하여간 그래서 요, 순 두 임금이 농사를 짓던 당시 백성들의 인기를 한 몸에 받았다는 것이지요.

중국인들은 요임금이 황하의 치수 사업에 남쪽 지방, 지금의 양자강(양쯔강) 출신 '곤(鯀)'이란 인물을 스카우트해서 별

의별 노력을 다 기울였다고 해요. 양쯔강 출신이니까 강물을 좀 안다고 본 것이지요. 하지만 거의 10년 동안 이래저래 노력해봤지만 황하는 매년 범람을 반복했다고 합니다. 황하의 치수를 성공시키지 못한 요임금은 화병이 났는지 시름시름 앓습니다. 그리고 자신을 대신해 황하 치수를 할 후계자를 찾아요. 당시는 아버지가 아들에게 왕 자리를 물려주는 시스템이 아니었어요. 주변에 능력 있는 사람에게 왕 자리를 물려주는 시스템이었답니다. 이걸 보더라도 당시 아직 중국은 '국가 규모'의 공동체가 아닌 '부족 국가'의 초기 공동체 수준이었다는 걸 알 수 있지요. 앞집 김씨 아저씨가 옆집 박씨 아저씨에게 마을 통치권을 넘겨주는 수준이었으니까요.

하여간 요임금은 동네에 '허유(許由)'란 인물이 능력이 뛰어나단 소문을 듣고 그에게 왕 자리를 물려주려고 했어요. 그런데 왕 자리를 넘겨준다는 소리를 들은 허유는 그 길로 산속으로 도망을 가 개울물에 귀를 씻었답니다. '못 들을 말'을 들었다, 이 말이지요. 마침 그때 허유의 친구가 소에게 물을 먹이러 개울에 왔다가 귀를 씻는 허유를 발견하고 "지금 뭐하냐"고 물었어요. 그러자 허유가 "요임금이 나보고 다음 왕을 하라네"란 말을 친구에게 했지요. 그러자 그 친구는 소를 끌고 더 상류로 올라갔답니다. "왕 자리를 이어받아

오제(五帝) 중 순(舜)임금

라"란 더러운 소리를 들은 귀를 씻은 물을 소에게 먹일 수 없다는 것이었습니다. 물론 전설이지만 여기서 우리가 추론할 수 있는 것은 그만큼 황하의 치수가 힘들었다는 것이에요. 서로 그 힘든 자리를 안 하려고 발버둥을 친 것이지요.

후계자를 찾는 데 어려움을 겪던 요임금은 동네에 '순(舜)'이란 사람이 참으로 효심이 깊고 인품이 괜찮다는 소식을 듣습니다. 계모가 자기를 죽이려 했어도 '한번 어머니는 끝까지 어머니다'라는 생각에 효도를 다했다고 하지요. 그 소식을 들은 요임금은 '이놈이 다음 왕이다'라고 생각하고 확! 왕 자리를 순에게 물려줍니다. 자, 순이 임금에 오르자마자 무엇

황하 중류에 넓게 분포된 황토지구인 황투고원

부터 했을까요? 맞아요. 바로 그 지긋지긋한 황하의 치수 작업에 또 들어갑니다. 책임자로 누굴 스카우트했는 줄 아세요? 요임금 때 황하 치수 담당자였던 '곤'의 아들인 '우(禹)'란 인물에게 맡겼답니다. 그런데 이 우란 인물이 자기 처자식까지 다 내팽개치고 황하 치수에 올인한 나머지 결국 황하의 범람을 컨트롤하는 데 성공합니다! 중국 역사상 처음으로 황하가 인간에게 무릎을 꿇은 순간이었죠! 덕분에 황하 인근 농사는 대박이 납니다. 그럼 당연히 우의 인기는? BTS급으로 폭발합니다. 당연히 순임금은 자기의 다음 후계자로 우를 지목했고, 우는 순임금의 뒤를 이어 새로운 임금이 되었답니다.

진시황제

진시황제

중국 건국 신화에 나오는 3명의 황(三皇), 5명의 제(五帝)에서 '임금'을 뜻하는 말을 각각 따서 황제(皇帝)란 타이틀을 만들었어요. 또한 이런 황제란 표현을 처음으로 쓴 황제란 뜻으로 '시작하다'의 시(始)를 붙여 시황제(始皇帝), 그리고 통일한 나라가 진나라이니 결국 다 붙여서 종합적으로 진시황제(秦始皇帝)란 어마무시한 타이틀을 만들었어요. 맞아요, '황제'란 표현은 중국 역사에서 진나라 영정이 처음으로 만들어 쓰기 시작했답니다.

2장

춘추전국시대

BC 2070 - BC 207

하나라부터 진나라까지

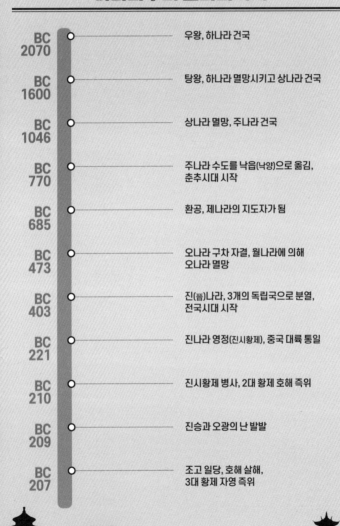

BC 2070	우왕, 하나라 건국
BC 1600	탕왕, 하나라 멸망시키고 상나라 건국
BC 1046	상나라 멸망, 주나라 건국
BC 770	주나라 수도를 낙읍(낙양)으로 옮김, 춘추시대 시작
BC 685	환공, 제나라의 지도자가 됨
BC 473	오나라 구차 자결, 월나라에 의해 오나라 멸망
BC 403	진(晉)나라, 3개의 독립국으로 분열, 전국시대 시작
BC 221	진나라 영정(진시황제), 중국 대륙 통일
BC 210	진시황제 병사, 2대 황제 호해 즉위
BC 209	진승과 오광의 난 발발
BC 207	조고 일당, 호해 살해, 3대 황제 자영 즉위

우(禹)왕, 중국 역사상
첫 고대 왕조 하(夏)나라를 세우다

자, 이제 요순시대가 끝나고 우가 왕
이 되어 하(夏)라고 불리는 나라를 세웠답니
다. 하나라의 역사를 기록한《하본기(夏本紀)》
라는 책을 보면 우가 기원전 2070년경 지금
의 황하 근방에서 하나라를 세워 470여 년 동
안 나라가 지속되었다고 나와 있지만 확실하
지 않아요. 왜냐고요? 하나라가 실제 존재했
다는 것을 증명해줄 유적과 유물이 지금껏 발
견되지 않았기 때문입니다. 하지만 하나라는
중국 역사에 정말 중요한 터닝 포인트 하나를
제공해요. 그것은 처음으로 왕위를 '동네 주

하나라의 시조 우왕

민'에게 넘기는 것이 아니라 자기 아들에게 넘기는 즉, 중국 최초의 '왕위 세습제'가 확립된 시기가 바로 이 하나라 때란 것입니다. 하나라의 시조인 우가 다음 왕 자리를 자기 아들인 '계(啓)'에게 물려줬기 때문입니다.

그게 왜 중요하냐고요? 보세요. 옆집 김씨 아저씨에게 임금 자리를 넘긴다는 것은 그만큼 '동네 사람들이 서로를 다 아는 부족 사회'란 말입니다. 그런데 동네 사람에게 왕 자리를 물려주지 않고 직계 가족, 즉 아들에게 물려준다는 것은 그만큼 공동체 구성원이 서로를 모를 정도로 규모가 커졌다는 뜻이지요. 또 특히 "우리가 남이가, 다 같은 사람들 아니가"라는 부족 국가와 달리 왕위를 잇는 왕족, 즉 지배 계층 그리고 그 왕족의 지배를 받는 피지배 계층이 등장했다는 것은 사회가 점점 규모가 큰 계급사회로 들어갔다는 뜻이랍니다.

하여간 470여 년 동안 황하 중류 지역에서 왕 자리를 아들에게 물려주며 유지되던 하나라도 이제 슬슬 망할 때가 다가옵니다. 하나라의 마지막 왕은 '걸(桀)왕'이란 사람이었는데 그렇게 술 좋아하고 여자 좋아하고 또 이웃 마을에 쳐들어가 정복하는 걸 즐겼던 못된 인간이라고 '후대' 역사서에 묘사되고 있어요. 여러분, 아시죠? 역사는 승자의 기록이란 것을요. 다음 왕조에서 자기들의 정통성을 띄우려고 이전 왕조를 어찌해서든 깎아내리려고 했을 겁니다. 걸왕도 그런 식으로 '악마화'되었을 겁니다. 걸왕에게는 '말희(妹喜)'란 아름다운 애인이 있었는데 걸왕에게 이런 말을 했다고 합니다. "자기야, 우리 매일 파티를 하는데 계속 술이랑 고기 안주를 가져오게 하는 거 귀찮지 않아? 우리 연못에 물 빼고 그 안을 술로 채우고 나뭇가지에 고기 걸어두고 지나가다 안주 땡기면 그냥 나뭇가

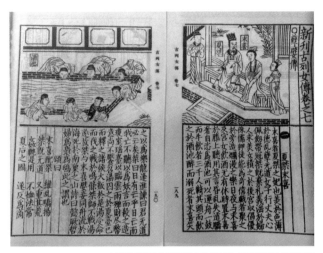

술이 연못을 이루고 고기가 숲을 이룬다는 주지육림을 묘사한 그림

지에서 주워 먹자"란 말을요. 그리고 실제로 그렇게 했답니다. 이른바 '주지육림(酒池肉林)'의 시작이었지요.

왕이란 자가 이따위니 나라 꼴이 말이 아니었겠지요. 그래도 걸왕 주변에 충신들은 있어서 "왕이 도를 잃으면 천하를 잃는다"란 충언을 했지만 걸왕은 이렇게 답했다고 해요. "하늘에 태양이 사라지는 걸 본 적 있나? 저 태양이 있는 한 내 권력은 영원하다! 하하!" 그러면서 그 충신을 '국가원수 모독죄'로 죽여버려요. 이런 걸왕의 만행에 불만을 품은 주변 부족 가운데 '상족(商族)'이란 부족이 있었는데 부족장은 '탕(湯)'이란 사람이었답니다. 탕은 "걸왕의 악행을 더 이상 볼 수가 없다!"라며 걸왕의 왕궁으로 쳐들어갔대요. 그런데 이미 걸왕의 병사들은 걸왕을 지킬 의지가 없어서 왕궁으로 쳐들어오는 탕의 '반란군'을 전혀 막지 않았다고 합니다. 걸왕과 말희는 도망을 가다 잡혀 죽고 말아요. 그렇게 '하나라'는 역사 속으로 사라집니다. 하나라를 멸망시킨 상족의 부족장 탕은 자기 상족 중심으로 새로운 나라를 만듭니다. 그 나라가 바로 '상(商)'나라고, 부족장 탕은 상나라의 '초대 국왕'인 '탕왕'이 됩니다. 기원전 1,600년의 일입니다.

중국 고대 상나라를 세운 탕왕

한자의 어머니인 갑골문자를 만든 상(商)나라

여러분, 지금 중국의 문자는 한자(漢字)지요? 물론 우리나라도 아직 한자를 쓰고 있지만요. 이 한자는 어디서부터 시작이 되었나, 하면 바로 이 상나라의 갑골문자에서 시작되었답니다. '갑골'은 '귀갑(거북이의 배딱지)'과 '수골(동물의 뼈, 특히 소의 어깨뼈)'에서 한 글자씩을 딴 단어인데요. 간단히 말해서 거북이 배딱지와 소 어깨뼈에 적은 문자를 부르는 말이랍니다. 맞아요. 상나라 사람들은 글자를 갑골에 잔뜩 썼고 그것이 오늘날까지 남아 있는 것이죠. 아니! 왜 종이에 글을 안 쓰고 힘들게 거북이 배에 글을 썼냐고요? 거북이가 많이 아팠을 것 같다고요? 일단 거북이를 죽인 다음, 배에 글을 썼기 때문에 거북이는 자기 배에 사람들이 글을 쓴다는 걸 알지도 못했고요. 또 당시는 종이가 발명되지도 않았던 시대였어요. 그리고 더 큰 이유는 바로 종교적인 목적으로 그 문자가 쓰였기 때문이랍니다.

상나라 왕들은 자기들이 신의 대리인이라고 생각했어요. 그래서 무슨 일이 생길 때마다 하늘에 제사를 지내고 점을 봐서 답을 얻으려고 했어요. 홍수가 나도, 흉년이 들어도, 전쟁이 나도, 전염병이 돌아도, 심지어 왕비가 임신을 했는데 그 아이가 아들인지 딸인지도 점을 봐서 하늘에 물었답니다. 내일의 날씨까지도 점을 쳐서 알려고 했으니 거의 '점의 일상화'였다고 봐야지요.

점을 어떻게 봤냐 하면 거북이 배딱지나 소 어깨뼈를 불로 지져요. 그럼 '쩍' 하고 갈라지겠지요. 그러면 정인(貞人)이라고 불리던 '점 해독 전문가'가 와서 그 갈라진 틈을 보고 나름 해석을 해서 점괘를 읽어줬답니다. 그리고 점을 봤던 그 갑골에 누가 왜 무슨 이유로 점을 봤고 그 결과 어떤 점괘가 나왔는지 문자로 빼곡하게 자세히 기록을 했어요. 그 문자가 바로 지금 우리가 '갑골문자'라고 부르는 문자예요. 그 갑골문자들은 한자를 모르는 사람이 봐도 대충 이해가 될 정도로 거의 '그림'에 가깝답니다. 그 그림이 점점 틀을 잡고 변형되면서 오늘날의 한자가 만들어진 거랍니다.

한자의 기원, 갑골문자

상나라 당시의 중국은 지금의 중국과는 전혀 다른 모습의 나라였어요. 일단 국왕은 신의 대리인이다 보니 그 누구도 '감히' 대들지 못했고 절대 권력을 가진 강력한 독재자였습니다. 기억하세요. 아직 '충', '효', '예의범절' 등이 나오는 유교는 중국에 등장하지 않았던 시대였어요. 왕의 힘이 어느 정도였나 하면 왕이 죽으면 '순장'이라고 해서 왕을 따랐던 신하, 노예, 부인들, 후궁들, 호위 무사들을 다 살아 있는 채로 같이 대형 무덤 안에 묻어버렸습니다! 왕이 죽은 후에도 편안하게 대접받고 살라는 뜻에서요. 최근 당시 만들어졌던 상나라의 순장 유적 상당수가 발굴이 되었답니다. 무서운 나라였어요.

폭군도 그런 폭군이 없을 정도로 잔인하게 통치를 했다면 당연히 불만 세력이 슬슬 생기겠지요. 상나라도 슬슬 망할 때가 다가왔습니다. 상나라의 마지막 왕은 '주(紂)왕'이란 인간이었답니다. 이쯤되면 여러분도 감 잡으셨겠지만 후대 역사가는 하나라 마지막 왕인 걸왕과 같이 이 주왕 또한 '엽기적 악마'로 묘사했어요. 걸왕에게 말희가 있었던 것과 같이 주왕도 달기(妲己)라는 아름다운 애인이 있었대요. 그리고 걸왕과 똑같이 '주지육림'을 만들어 미친 듯이 매일 밤 파티를 열었다고 합니다.

그런데 진짜 엽기인 것은 '포락(炮烙)의 형벌'이란 걸 개발한 겁니다. 포(炮)는 '불에 굽다'란 뜻이고 락(烙)은 '불로 지지다'란 뜻이에요. 와, 벌써 고통이 느껴지시죠? 일단 바닥을 불바다로 만들어요. 그리고 그 위에 구리 기둥을 걸칩니다. 또 그 기둥에 기름을 발라요. 자, 이제 사형수들에게 얘기를 해요. "저 기둥을 끝까지 건너면 살려준다"라고요. 사형수들은 지푸라기라도 잡는 심정으로 뜨겁게 달궈진 미끄러운 구리 기둥 위에 올라갑니다. 얼마나 뜨겁겠습니까. 대부분 비명을 지르며 아래 불바다로 떨어졌어요. 그 모습을 보면서 주왕과 그의 애인 달기는 깔깔거리고 웃었다고 해요. 물론 후대에 와서 많이 과장되었겠지만요.

이런 엽기적인 왕의 만행을 보고 주변의 부족들은 부글부글 끓기 시작했어요. 그중에서 상나라의 서쪽에 주(周)라는 부족이 "주왕, 저 인간 도저히 안 되겠다. 뒤집어엎자"라고 결심하고 실제로 무력으로 상나라를 멸망시킵니다. 엽기적 폭군, 주왕은 불구덩이에 뛰어들어 목숨을 끊었고 달기는 궁으로 쳐들어온 주 부족에 의해 죽임을 당했어요. 이로써 약 550년간 황하 유역을 통치했던 상나라는 망하고 맙니다. 기원전 1046년의 일입니다. 망한 상나라의 유민들은 후에 이곳저곳 떠돌면서 장사로 연명했는데 그 이후 '장사하는 사람'을 '상나라 사람' 즉, '상인(商人)'이라고 부르기 시작했답니다. 혹시 나중에 중국에 가면 하남성의 안양시란 곳을 꼭 가보세요. 옛 상나라의 수도였거든요. 지금까지 발견된 수만 개의 갑골 유적 등이 안양시 박물관 등에 전시되어 있답니다.

여러분, 혹시 '백이(伯夷)와 숙제(叔齊)' 스토리 들어보셨나요? 가수 '육각수'의 〈흥보가 기가 막혀〉란 노래 가사에도 나오잖아요. 백이와 숙제가 바로 주족이 상나라를 멸망시킨 그 타이밍에 등장하는 인물이랍니다. 둘 다 상나라의 신하 국가(대한민국의 경상도, 전라도 정도로 생각하면 됩니다)였던 '고죽국'의 신하들이었어요. 상나라를 결국 멸망시킨 주족의 왕은 '무(武)왕'이란 사람이었는데 상나라를 멸망시키려 군사를 끌고 출발을 하던 무왕의 바짓가랑이를 부여잡고 백이와 숙제가 "상나라의 왕이 미친 인간이라지만 그래도 어찌 신하가 왕을 치려고 하시오! 멈추시오!"라고 무왕의 앞을 가로막아요. 그런다고 안 떠날 무왕이 아니었지요. 결국 상나라가 망하고 주나라가 들어서자 백이와 숙제는 "주나라가 주는 밥은 먹지 않겠다"란 선언을 하고 수양산이란 산에 들어가 고사리만 캐먹다 죽었다고 해요. 육각수 노래의 가사가 그거였습니다. 흥부가 놀부에게 "형님, 저희 보고 어딜 가란 말씀이십니까? 백이와 숙제가 굶주려 죽은 수양산으로 가란 말입니까?"라고 울부짖은 것이죠.

유교의 틀을 만든 주(周)나라

기원전 1046년, 상나라를 멸망시킨 주족은 당연히 자신들 부족의 이름을 따서 새로운 나라 '주나라'를 세워요. 주나라를 세운 첫 번째 왕은 무(武)왕, 그런데 이 무왕이 나라를 세운 후 젊은 나이에 갑자기 죽어버립니다. 아직 나라가 제대로 틀도 못 잡았는데 국왕이 죽어버리니 이만저만 큰일이 아니었어요. 일단 무왕의 어린 아들이 다음 왕인 성(成)왕으로 즉위해요. 어리고 '어리바리'한 왕, 딱 봐도 어린 나이에 빽도 없이 왕이 되었다가 삼촌인 수양대군에 왕 자리를 빼앗기고 죽임까지 당한 단종과 비슷한 상황이었어요. 심지어! 어린 성왕을 지켜주겠다고 무왕의 동생이자 어린 왕의 삼촌인 '주공(周公)'이란 사람까지 등장해요! 완전 단종과 싱크로율 100% 아니겠습니까?

그러나 조카를 죽이고 왕 자리를 빼앗은 수양대군과 주공은 달랐어요.

주공은 어린 조카를 대신해서 반발 세력을 다 진압하고 나라를 평정시킨 후 '이 정도면 삼촌 역할 다 했다'란 생각을 하고 스스로 권력자의 자리에서 물러났어요. 진정으로 조카를 훌륭한 왕이 될 수 있게 도운 것이죠. 실제로 조선의 단종은 자기 자리를 노리는 삼촌 수양대군에게 "제발 주공처럼만 해주시면 얼마나 좋을까?"란 탄식을 했답니다. 하여간 이런 주공의 모습에 감동을 받은 공자(맞습니다.

주나라의 기틀을 확립한 주공

공자님 할 때 그 공자)는 나중에 이 주공의 광팬이 됩니다. 주공의 이런 충(忠)이야말로 인간이 따라야 하는 도리라고 외치며 우리가 지금까지 알고 있는 '유교'란 것을 만들지요.

주나라를 세운 무왕은 참으로 마음이 넓은 사람이었어요. 자기가 무너뜨린 상나라의 마지막 왕 주왕의 아들인 '무경(武庚)'이란 사람을 지방 도지사로 임명해서 잘살게 해줬답니다. 아버지를 죽인 것이 좀 미안했던 것이죠. 그런데 이 무경이란 인간이 무왕이 죽고 어린 성왕이 왕 자리에 오르자 "기회다! 다시 상나라를 되찾자!"란 근자감으로 반란을 일으켰지 뭡니까! 다행히 주공이 군사를 끌고 가 무경의 반란군을 진압합니다. 그런 다음 주공은 이렇게 생각하지요. '흠, 근본도 없는 인간을 지방 책임자로 앉혀놓으니 이런 골치 아픈 일이 발생하는군. 지방 도지사, 군수 자리도 모조리 우리 주족 친인척으로 앉혀야 되겠다.' 그리하여 실제로 지방 책임자 자리에 왕실의 친인척 관계자들을 임명합니다. 이것, 꼭 기억하셔야 해요. 바로 중국식 '봉건제도'의 시작이기 때문입니다.

봉건(封建)이라 할 때 봉(封)은 '토지를 하사하다'란 뜻이랍니다. 그리고 '건(建)'은 '나라를 세우다'란 뜻인데 즉, 왕(또는 황제)이 일가친척에게 지방의 땅을 나눠주고 그 친인척들이 그곳에서 자기들의 나라를 만들어 살라는 뜻이랍니다. 엥? 이미 나라가 있는데 나라를 또 만들라고요? 독립하란 말인가요? 아닙니다. '큰 나라가 있고 그 안에 조그만 나라를 만들어 살라'는 뜻이랍니다. 실제 이렇게 왕에게 지방 부동산을 받고 나간 친인척들을 제후(諸侯)라고 불렀고 그 '꼬마 나라'를 제후국(諸侯國)이라 불렀는데 꼬박꼬박 수도의 왕에게 세금을 바치고 왕이 위험에 처했을 때 지원군만 보내준다면 사실상 내정 간섭을 전혀 받지 않고 독립국 행세를 할 수 있었답니다. 당시 교통도 발달 안 된 데다 왕권도 강력하지 않은 상황에서 그나마 그 넓은 땅의 왕국을 유지할 수 있던 유일한 방법이 봉건제도였어요. '믿을 건 친척밖에 없다'란 생각에서 시작된 이 봉건제도 덕분에 주나라는 무려 790년 동안 유지가 됩니다.

무너지기 시작하는 주나라

그럭저럭 나라를 잘 꾸려가던 주나라도 한번 크게 휘청거리는 일을 당합니다. 주나라 12대 왕인 유(幽)왕 때 일이 터져요. 이전의 하나라,

상나라와 똑같은 스토리가 반복됩니다. 나라 다스리는 일은 내팽개치고 술 좋아하고 여자 좋아하던 유왕, 또 똑같은 레퍼토리인 '아름다운 애인'이 등장해요. 이게 중국 역사의 계속되는 패턴이에요. 사실 이전 왕조를 '부도덕하고 악덕한 왕조'로 묘사해야 그 뒤에 들어선 왕조가 정통성을 갖잖아요. 그렇다고 남자인 왕 혼자서 나라를 망하게 했다는 건 남성 중심의 유교사회에서 용납되기 힘들었을 테고, 그래서 만들어낸 그럴듯한 명분이 '여자 때문에 망했다'라는 것이죠. 아직 걱정하지 마세요. 하나라, 상나라와는 달리 주나라는 아직 '완전' 망하지는 않아요.

하여튼 주나라에도 왕의 '아름다운 애인'이 등장해요. 바로 포사(褒姒)란 여인이었답니다. 포사에 푹 빠져버린 우리 불쌍한 유왕. 무슨 수를 써서라도 포사를 기쁘게 해주고 싶었답니다. 그런데 문제가 있었어요. 포사가 웃지를 않는 겁니다! 가만있어도 아름다운 포사가 활짝 웃는 모습을 미친 듯이 보고 싶었던 유왕은 묻습니다. "내 사랑아, 너에게 뭘 해줘야 네 웃는 모습을 볼 수 있는 것이냐?"라고요. 그랬더니 포사는 "글쎄요, 비단 찢는 소리를 들으면 조금은 웃을 것 같습니다"란 대답을 한 겁니다! 그러자 유왕은 전국에 있는 비단을 싹 다 긁어모읍니다. 그리고 매일매일 포사 앞에서 비단을 있는 대로 찢었어요. 그런데도 포사는 웃지를 않습니다. 그저 살짝 감질나는 미소만 보일 뿐이었지요. 유왕은 미치기 일보 직전까지 갑니다.

그렇게 유왕이 애간장을 태울 때 갑자기 국경에서 봉화가 올라오기 시작했어요. 이웃 오랑캐가 몰려왔다는 신호였습니다! 기억하시죠? 제후들의 의무 중 하나! 왕이 위험에 처하면 가서 의무적으로 도와라! 봉화를 본 제후들은 너도나도 유왕을 돕기 위해 달려왔어요. 하지만! 알고 보니 오보였습니다. 허겁지겁 달려온 제후들은 "뭐야, 가짜 뉴스잖아"라고 투덜거리며 돌아갔답니다. 그런데 그 모습을 가만히 보던 포사가 갑자기 빵 터진 겁니다! 유왕이 그렇게 보고 싶었던 포사의 웃음이 터진 거예요.

지금부터는 말 안 해도 아시겠지요? 필 받은 유왕은 포사의 웃음을 보기 위해 매일매일 거짓 봉화를 올렸고 제후들은 또 허겁지겁 달려왔고 또 속은 걸 알고 허탈하게 돌아가고를 반복했답니다. 제후들은 속으로 부글부글 끓었겠지요. 그러다 진짜 오랑캐가 나타난 겁니다! 견융(犬戎)이라는 부족이 서쪽에서 쳐들어온 겁니다! 당연히 봉화는 올라갔지만 "이번엔 안 속는다"라고 비웃은 제후들은 나타나지 않았어요. 결국 도주하다 견융족 족장에게 잡힌 유왕은 단칼에 목이 날아갔고 포사는 견융족의 노예로 끌려가고 말았답니다. 기원전 770년의 일이었습니다.

뒤늦게 '실제 상황'임을 깨달은 제후들이 달려와 견융을 몰아냈지만 이미 유왕은 죽은 뒤였어요. 주나라의 왕까지 죽인 견융이 주나라가 생각보다 '만만하다'란 것을 알고 그 이후에도 시도 때도 없이 서쪽에서 주나라로 쳐들어오자 주나라 왕실은 "서쪽에서 계속 견융이 쳐들어오니 못 살겠다. 동쪽으로 이사를 가자"란 결심을 하고 실제로 수도를 옮깁니다. 지금까지의 수도는 호경(지금의 서안)이었는데 동쪽으로 이사를 가서 낙읍(지금의 낙양)에 새 수도를 세웁니다. 유왕이 죽은 지 1년 후인 기원전 770년의 일이었어요.

생각해보세요. 이런 상황이라면 제후들의 입장에선 "뭐야, 왕이 저렇게 힘이 없어? 수도까지 버리고 동쪽으로 도망을 가버리네? 세상의 주인이 따로 있나? 우리도 힘 좀 써볼까?"하고 주나라 왕실을 무시하고 자기도 한번 세상 권력을 잡을 생각을 했겠지요? 실제 그렇게 합니다. 각 제후들이 서로 들고 일어나서 치고받고 싸우면서 중국 대륙은 대혼란에 빠져버립니다. 지금부터 그 유명한 '춘추전국시대(春秋戰國時代)'가 열립니다. 꼭 기억하세요. 여기서 '전국'은 전국노래자랑과 같이 '全國'이 아니라 '戰國' 즉, '전쟁을 하는 나라'란 뜻이란 것을요.

드디어 헬게이트가 열리다, 춘추전국시대

춘추전국시대는 크게 '춘추시대(春秋時代)'와 '전국시대(戰國時代)'로 나뉩니다. 무슨 차이가 있냐고요? 자, 보세요. 주나라 왕실이 수도까지 동쪽으로 옮기면서 약한 모습을 보이자 제후들이 "우리도 힘 좀 써볼까?"하고 들고 일어났잖아요? 주나라 왕실을 무시는 했지만 그래도 꼬박꼬박 인사는 하고 주나라 왕실에 대한 최소한의 형식적 예의는 지켰어요. 기원전 770년부터 기원전 403년까지는요. 이 시기를 춘추시대라고 불러요. 왜? 이 시기의 역사를 공자가《춘추(春秋)》라는 역사책에 기록했기 때문입니다.

그러다가 기원전 403년에 사건이 하나 터집니다. 춘추시대에는 '춘추오패(春秋伍霸)'라고 불리던 5개의 강력한 대표 제후국들이 있었어요. 그다섯 나라 중 진(晉)나라라는 아주 강력한 제후국이 있었어요. 나중에 진시황이 중국을 통일하는 진(秦)나라와는 다른 진나라입니다. 하여간 이 진나라가 집안싸움을 거하게 한 후에 다른 세 나라로 쪼개지는 일이 벌어져요. 예를 들어 미국에서 내전이 일어나 3개의 나라로 쪼개져버린 상황이 된 것이죠. 강대국 미국이 난장판이 되어 버리면 전 세계는 대혼란에 빠지겠지요.

그 같은 상황이 중국에서도 일어납니다. 진나라가 세 조각으로 찢어지면서 각 제후국은 "지금부터는 주나라 왕실 눈치 보지 말고 진짜로 한판 붙어보자!"라고 외치며 본격적인 대혼란의 전쟁을 벌이기 시작해요. 헬게이트가 열린 거죠. 이 시기를 '전국시대(戰國時代)'라고 불러요. 이 시기는 '진시황'이 중국을 모조리 다 통일해버리는 기원전 221년까지 이어집니다. 왜 '전국시대'라고 불리냐고요? 춘추시대와 같이 나중에 등장하는 유향이라는 역사학자가 이 시대에 관한 역사책을 하나 씁니다. 그 책 이름이 《전국책(戰國策)》이에요. 그래서 전국시대라고 부른답니다.

춘추시대의 영웅들 Part 1: 관중(管仲)과 포숙(鮑叔)

자, 이제 본격적으로 춘추시대 이야기를 해볼 텐데요. 워낙 다양한 일도 많고 등장인물도 많아서 '춘추시대' 하면 여러분이 꼭 기억하셔야 할 인물과 사건들만 골라서 소개해드리겠습니다. 여러분, 우리가 친구와 우정을 얘기할 때 '관포지교(管鮑之交)'란 말을 쓰지요? 이게 무슨 말인가, 하면 '관중'과 '포숙' 두 사람의 우정이란 뜻이에요. 이 관중과 포숙은 도대체 어떤 친구였기에 2,000년이 지난 지금까지 우정의 대명사가 되었을까요? 지금부터 그 우정의 세계로 들어가 봅시다.

주나라가 처음 만들어지고 봉건제를 시작하면서 여러 제후국들이 생겼다고 말씀드렸지요? 처음에는 약 120개의 제후국들이 있었답니다. 그런데 주나라 왕실이 동쪽으로 도망을 간 후 시작된 춘추시대, 각 제후국들은 서로 "우리 이제 한번 신나게 싸워볼까?"를 외치며 서로 치고받고 싸웠는데 그러면서 많은 제후국이 '흡수 통일'돼요. 그래서 결국 약 10개의 제후국만 남게 되는데 그 가운데서도 5개의 강력한 제후국이 등장합니다. 이 5개 '초강력' 제후국을 '춘추오패(春秋伍霸)'라고 해요. 여기서 패(霸)는 '패권을 쥐다' 할 때 그 '패'입니다. 지금 미국과 중국을 G2라고 하잖아요. 당시 춘추시대의 G5였던 것이죠.

춘추시대 5개국 '춘추 G5' 가운데서 가장 먼저 "내가 이 동네의 짱이야!"라고 외치고 나온 나라는 '제(齊)나라'였어요. 지금의 산동반도에 있던 나라입니다. 맞아요, 맥주로 유명한 칭다오가 있는 그 산동반도요. 그리고 당시 제나라의 지도자는 '환공(桓公)'이란 사람이었습니다. 보통 역사책을 보면 '제환공'이라고 나오는 사람인데 '무슨 무슨 공(公)'이라고 하면 '왕 바로 아래에 있는 지위'라고 보시면 돼요. 즉, 아직까지 주나라 왕(물론 허수아비지만)이 왕 자리에 있는 상황에서 제후들이 아무리 자기가 힘이 세다고 해서 대놓고 왕이라고 칭할 순 없잖아요. 그래서 그냥 '무슨 공'이라고 불렀답니다.

이 '환공'이란 인물은 제나라의 왕자 출신이지만 제나라의 지도자가 될 수 있는 가능성은 없는 사람이었어요. 왜냐? 막내아들이었기 때문에 지도자는 될 수 없었지요. 당시에도 왕이든 지도자든 장남이 그 자리를 인계했으니까요. 환공의 원래 이름은, 즉 왕자 때 이름은 '소백'이었어요. 그리고 위로 '제아'라는 큰형과 '규'라는 둘째 형이 있었답니다. 아버지가 죽은 후엔 당연히 장남 '제아'가 제나라의 지도자 자리를 이어받았어요.

문제는 그 인간이 말도 안 되는 폭군이었다는 겁니다. 자기 마음에 들지 않으면 친인척 가릴 것 없이 모조리 죽여버리는 사이코패스였던 것이죠. 이런 형의 엽기 행각에 '우리도 까딱하면 죽겠구나'란 생각을 한 친동생 규와 소백은 몰래 제나라를 빠져나와 이웃 국가로 튀어버립니다. 이 형제는 국경을 넘어 외국으로 튈 때 각각 참모 한 명씩을 데리고 튑니다. 규는 '관중(管仲)'이라는 참모를, 소백은 '포숙(鮑叔)'이라는 참모를 데리고 간 거지요. 튈 땐 튀더라도 급할 때 뭐 좀 물어볼 브레인이 필요했겠지요. 요즘같이 인터넷에 물어볼 수도 없고요. 아, 참. 둘은 각각 다른 나라로 튀었어요.

하염없이 타향살이를 하던 중 규와 소백에게 고국에서 엄청난 속보가 하나 들어옵니다. 고국에서 쿠데타가 일어나서 폭군 친형 제아가 자리에서 쫓겨난 후 반란군에게 처형을 당했다는 소식이었어요! 문제는 쿠데타 세력이 준비도 없이 권력을 잡다보니 나라를 정말 개판 5분 전으로 만들었고 그 쿠데타 세력도 다른 쿠데타 세력에 의해 자리에서 쫓겨나는 아수라장이 되고 만 겁니다. 오호라! 이제 제나라는 나라를 통치할 사람이 없어진 겁니다. 제나라 정부 관리들은 한자리에 모여 다음 지도자를 누구로 할지 회의를 해요. 당연히 지금 '해외 도망' 중인 규와 소백 중 하나를 고르는 자리였죠. 그러곤 결정을 내려요. 막내 소백을 새 지도자로 하자는 결정을요.

이 소식을 들은 규는 격분합니다. "뭐라? 아니, 냉수 마시는 것도 위아래가 있는데 서열상 둘째인 내가 지도자가 돼야 하는 것 아니야?"라면서요. 하긴 맞는 소리죠. 그리고 막냇동생 소백이 제나라로 먼저 들어가 지도자 자리를 날름 먹기 전에 자기가 국경을 넘으려고 전력 질주를 합니다. 문제는 막내 소백이 국경에서 훨씬 가까운 위치에서 '국외 도망 생활'을 했다는 것. 지금 규가 아무리 빨리 달려가도 막내 소백을 도저히 따라잡을 수 없는 상황입니다. 권력이 뭔지, 형제끼리 치고받고 싸우는 것 좀 보세요.

이때 규의 참모 관중이 아이디어를 냅니다. 자기가 지금 규가 가지고 있는 말 중 가장 빠른 말을 타고 소백을 앞질러 가서 국경 지대에 숨어 있다가 소백이 국경을 넘기 전에 죽여버리겠다고요. 권력에 눈이 먼 규는 "오케이, 가서 숨어 있다 동생을 죽여라!"라고 명령을 하면서 가장 빠른 말을 관중에게 내줬어요. 활을 어깨에 메고 전속력으로 국경 지대로 달려가는 관중. 그는 과연 소백을 막을 수 있을까요? 그렇습니다! 소백을 앞질러 국경 지대에 먼저 도착한 관중. 숲속에 숨어 소백이 나타나기를 기다립니다. 그리고! 눈앞에 소백이 나타나요. 관중은 어깨에 멘 활을 꺼내 소백을 향해 화살을 날립니다. 스나이퍼가 된 것이죠.

관중이 쏜 화살은 정확하게 소백의 뱃살에 명중해요! 소백은 "으악! 내 뱃살!"이란 외마디 비명과 함께 말에서 떨어집니다! 관중이 소백을 죽인 겁니다! "으하하! 이제 제나라 권력은 내 주인인 규의 것이다! 하하하!"

라고 외치며 규에게 달려가 상황 보고를 해요. 얼마나 기뻤을까요? 동생까지 죽이고 차지한 권력의 달콤함이란.

그런데 반전이 일어납니다! 사실 소백은 죽지 않았던 겁니다! 뱃살이 참치 뱃살과 같이 두꺼워 화살도 뚫지 못했던 걸까요? 아닙니다. 사실 관중이 쏜 화살은 소백의 허리띠에 맞았던 겁니다! 그리고 소백은 할리우드 액션으로 죽은 척 연기를 한 것이고요. 소백이 죽은 줄 안 관중이 돌아간 것을 보고 소백은 바로 국경을 넘어 제나라로 들어와 새 지도자가 됩니다! 소백이 죽은 줄 알고 신나서 제나라로 들어온 규와 관중은 경악했지요. 죽은 줄 알았던 사람이 살아 있으니! 뒤늦게 데리고 있던 군사로 소백을 공격하려고 했지만 어쩌겠어요. 이미 소백은 제나라의 정식 지도자가 된 상태였기 때문에 제나라 군대는 소백의 명령에 따라 규의 군사를 쉽게 진압을 했고 규와 관중은 소백의 포로가 됩니다.

당연히 소백은 자기를 죽이려 했던 관중을 절대 용서할 수 없었답니다. 규는 자기 형이니까 살려둔다고 해도요. 그런데 그때 소백의 참모인 포숙이 나서서 이런 말을 합니다. "주군! 만일 주군께서 제나라의 지도자로 만족하신다면 지금 관중을 죽이세요. 하지만 천하를 원하신다면 관중을 살려주세요. 관중의 능력은 주군을 천하의 주인으로 만들어줄 겁니다. 생각해보세요. 관중은 단지 자기가 모시는 주군을 위해 일했던 것뿐입니다. 저런 능력 있는 인재를 이제 주군의 사람으로 한번 만들어보세요"라고요. "천하의 주인이 된다"란 말에 혹한 소백은 포숙의 말을 듣고 관중을 풀어줍니다. 관중 입장에서는 십년감수한 것이죠. 중국 역사나 소설을 보면 맨날 등장하는 레퍼토리죠. "적을 풀어줬더니 적이 감동해서 충신이 되었더라"란 스토리요.

하여간 관중은 그런 포숙과 소백의 너그러움에 감동했고 이후 소백을 위해 정말 열심히 일했어요. 그런 관중을 또 소백은 나중에 총리 자리에 앉혔고 둘은 짝짜꿍을 이루며 제나라를 춘추시대 최초의 초강대국으로 만들었답니다. 그 소백이 제나라의 지도자가 되면서 불리게 된 이름이 바로 '환공'이랍니다.

사실 관중과 포숙은 어렸을 때부터 친구였어요. 다만 각자 모셨던 주군이 달랐을 뿐이었죠. 어찌 보면 포숙의 입장에선 자기의 가장 두려운 라이벌이 될 수도 있었던 관중을 살려준 것이고 관중은 그에 더 큰 감동을 받은 것이죠. 나중에 관중은 이런 말을 했답니다. "나를 낳아준 것은 부모님이지만 나를 알아주고 나를 살린 건 포숙이다"라고요. 그리고 둘의 우정은 더욱더 깊어져 갔답니다. 사실 뭐, 둘 사이의 우정은 인정할 만하죠. 2,000년 넘게 '우정의 대명사'로 불리는 건 좀 무리가 있어 보이지만 아직까지 중국인들은 그 둘을 '베프의 대명사'로 기억하고 있답니다. 기원전 685년의 일이었습니다.

춘추시대의 영웅들 Part 2: 복수의 화신, 오자서(伍子胥)

여러분, '와신상담(臥薪嘗膽)'이란 말 들어보셨죠? 무슨 보험 설계 같은 것을 상담받는 일이 아니라 억울한 일을 당한 후에 꾹 참으면서

"두고 보자. 때가 오면 그때 복수한다"라고 할 때 쓰는 표현이죠. 또 '오월 동주(鳴越同舟)'란 말 들어보셨나요? 직역은 "오나라와 월나라가 같은 배를 탔다"란 말인데 "비록 서로 적일지라도 처지가 같으면 서로 도울 수밖에 없다"란 뜻이죠. 엥? 그럼 오나라와 월나라는 서로 적? 도대체 무슨 일이? 궁금하시죠? 자, 지금부터 이 표현들이 나왔던 중국 역사 속으로 한번 들어가 보실까요?

기억하시죠? 춘추시대엔 '춘추오패'라는 '춘추 G5', 즉 5개의 강대국이 있었죠. 이번 시간엔 그중 초(楚), 오(鳴), 월(越), 이렇게 세 나라가 등장한답니다. 지금의 중국 남부 지역에 있던 나라들이었어요. 초나라는 지금의 사천성(쓰촨성)에 있던 나라였답니다. 맞아요, 매운 음식으로 유명한 그 사천성이죠. 그리고 오나라와 월나라는 지금의 상하이 근방에 있던 나라들이랍니다.

이번 스토리의 모든 것은 지금의 사천성에 있던 초나라에서 시작합니다. 그곳에 '오자서(伍子胥)'란 사람이 살았어요. 집안은 말 그대로 금수저였어요. 아버지는 '오사(伍奢)'란 사람이었는데 초나라 태자(왕의 아들이자 다음 왕 후보)의 선생님이었어요. 다음 왕이 될 사람의 선생님이라면 얼마나 공부도 잘하고 집안도 좋았을까요. 그 오사의 아들이 바로 오자서였는데요. 이번 스토리의 주인공이랍니다. 아마 오자서는 춘추시대를 통틀어 가장 유명한 인물이라 할 수 있답니다. 그는 왜 중국 역사에 '복수의 화신'으로 기록되었을까요?

평왕의 아들, 즉 태자가 혼기가 차서 장가를 갈 때가 왔어요. 평왕은 며느릿감을 찾아봤는데 이웃 나라 진(秦)나라의 공주 '맹영(孟嬴)'이란 여인이 그렇게 미인이란 소식을 듣고 진나라 왕에게 물어봐요. 사돈 할 생각 없냐고요. 초나라는 중국 남부의 강력한 국가였고 진나라는 말 그대로 나중에 진시황이 중국을 통일하는 그 진나라였기 때문에 두 강대국은 '흠, 이 정략결혼 괜찮을 것 같다'란 생각에 혼사에 동의를 합니다.

평왕은 신하 비무기(費無忌)를 진나라로 보내요. 가서 공주 모시고 오라고요. 그런데 이 비무기란 인간이 간신 중에 간신이었어요. 진나라에 가서 공주를 직접 눈으로 봤는데 너무 미인인 거죠. 그래서 이렇게 머리를 굴려요. '우리 평왕은 미인을 엄청 좋아하는데 저 공주를 태자가 아니라 평왕에게 바치면 난 승진에 승진을 할 것이다. 히히히'란 생각을 했답니다. 실제 진나라 공주를 초나라에 데려와서 평왕에게 인사를 시켰는데 아니나 다를까. 역시 평왕은 자기 며느리 후보에게 그만 마음을 빼앗기고 말았어요.

그때 비무기가 말합니다. "대왕, 저 아름다운 진나라 공주와 그냥 결혼을 하시지요. 며느리가 아니라 와이프로요. 그 대신 저 공주가 데려온 시녀 하나를 진나라 공주라고 속여서 태자와 결혼시켜버리면 되잖습니까? 어차피 우리 둘만 입 다물면 아무 일도 없습니다"라고요. 그 말에 평왕은 넘어가고 결국 며느리 삼자고 데려온 여인과 결혼을 합니다. 중국판 막장 드라마죠.

그런데 비무기는 슬슬 걱정이 됐어요. 혹시라도 태자가 이 사실을 알게 되고 나중에 그 태자가 다음 왕이 된다면 자기가 곤란해질 테니까요. 마침 진나라 공주와 평왕 사이에 또 늦둥이 아들이 생긴 상태였습니다. 여기서 비무기는 계략을 꾸며요. 바로 태자를 죽여버리고 늦둥이 아들을 새 태자로 만드는 것이었습니다! 이미 새 늦둥이에 마음을 빼앗긴 평왕은 비무기의 말에 넘어가 실제로 태자를 저 먼 변방 국경지대로 쫓아버립니다. 가서 국경이나 지키고 수도의 일에는 신경 끄라고요.

하지만 이 모든 계략을 태자의 스승인 오사가 알아냈고 오사는 평왕에게 "비무기를 당장 벌하시고 대왕께서는 정신 차리소서!"라고 외쳤답니다. 이 말에 격분한 평왕은 오사를 감옥에 가둬버려요. 그리고 평왕과 비무기는 아예 오사를 죽여버리기로 합니다. 그런데 문제가 있었어요. 오사에겐 오상(伍尙)과 오자서(伍子胥) 두 명의 아들이 있었는데 하필이면 지금 수도에 있지 않고 지방에 있었던 겁니다! 아버지가 죽었다는 소식을 들으면 분명 이 두 아들은 아버지의 복수를 위해 수도로 쳐들어올 것이 분명했어요.

이에 평왕과 비무기는 감옥의 오사에게 말을 합니다. "내가 공이 많은 그대에게 좀 심했던 것 같다. 사과하는 뜻으로 두 아들에게 큰 벼슬을 줄 테니 수도로 빨리 돌아오라는 편지를 보내라"라고요. 오사는 알았어요. 세 부자를 한 큐에 죽이려고 한다는 것을요. 그리고 편지를 보내면 마음씨 착한 큰아들 오상은 분명히 오겠지만 머리 좋은 둘째 오자서는 결코 오지 않으리라는 것도 알았답니다.

아버지 오사의 편지를 받은 오상과 오자서 형제. 아버지의 예측대로 오상은 가면 죽을 줄 알았지만 "아비의 명을 거역한 불효자가 될 수 없다"면서 수도로 떠나요. 떠나면서 동생 오자서를 꼭 안고 울며 얘기하죠. 반드시 자기와 아버지의 원수를 갚아달라고. 그러곤 큰아들 오상은 정말 수도로 돌아가 아버지 오사와 함께 처형을 당합니다.

안 돌아간 오자서는? 당연히 평왕과 비무기에 의해 초나라 전국 지명 수배를 당해요. 이제 오자서는 무슨 수를 써서라도 초나라를 탈출해서 다른 외국으로 도망을 가야 했답니다. 우여곡절 끝에 옆 나라인 오나라로 탈출해요. 마침 그때 오나라는 내부 권력 다툼이 있었는데 오자서가 권력을 잡고 싶어 한 '공자 광(光)'이란 사람이 오나라의 권력을 잡는 데 큰 도움을 줘요. 그리고 공자 광은 정식으로 오나라의 왕 합려(闔閭)가 됩니다. 공자 광은 너무나도 고마운 오자서에게 "뭐든 소원을 말하시오! 내가 다 들어주리라!"라고 했어요. 당연히 오자서는 "초평왕과 비무기를 죽이고 복수를 하게 해주십시오!"란 부탁을 합니다. 오나라 왕 합려는 "콜! 그대가 복수하는 데 오나라가 도움을 주겠소!"란 약속을 해요. 자, 이제부터 오자서는 어떻게 형과 아버지의 복수를 할까요?

먼저 초나라와 맞설 수 있게 군대를 키우기로 해요. 그래서 오자서는 지인 찬스를 씁니다. 바로 군사전문가인 '손무(孫武)'를 스카우트해요. 맞습니다. 이 손무가 쓴 병법서가 바로 그 유명한 《손자병법(孫子兵法)》이랍니다. 손무와 함께 오나라군을 최강의 군대로 만든 오자서, 드디어 복수를 시작합니다! 물론 오나라 왕 합려도 오자서의 개인적인 복수만으로 초나라를 치려고 했던 건 절대 아니었습니다. 정신 나갔어요? 천하의 주인이 되기 위해선 오나라도 언젠가는 국경을 맞대고 있는 초나라를 쳐야 했는데 마침 오자서가 명분을 준 것이죠.

손무의 군사 훈련으로 초강력 군대로 거듭난 오나라군은 초나라의 수도를 박살 내버립니다! 그러나 오자서는 그리 기뻐할 수만은 없었어요. 왜? 원수 평왕과 비무기는 이미 죽고 없었기 때문입니다. 도저히 그 사실을 받아들일 수 없었던 오자서. 기어이 평왕의 비밀 무덤을 찾아내 그 시신을 꺼내서 채찍으로 수백 번 갈겨 시신을 부스러기로 만들어버립니다. 그러곤 하늘을 보며 외쳤어요. "아버지, 형님, 이제 원한을 푸세요!"라고요.

초나라를 격파한 오나라 왕 합려는 이제 눈을 아래로 돌렸습니다. 바로 밑에서 알짱거리는 '월(越)나라'가 거슬렸던 것이죠. 오나라와 월나라는 지금의 양자강 하류, 즉 상하이 부근에 국경을 맞대고 있던 이웃 국가였어요. 하여간 합려는 필 받은 김에 월나라까지 공격할 계획을 세워요.

당시 월나라의 왕은 구천(勾踐)이란 젊은이였어요. 이른바 '월구천(한 달에 9,000만 원을 번다는 건 아닙니다)'이라고 불리는 왕이에요. 하여간 얼마 전에 아버지가 죽은 후 왕 자리를 물려받은 상태였습니다. 오나라 합려는 이런 이유 때문에 월나라를 우습게 봤어요. '어린놈이 뭘 알겠어'란 생각을 한 거죠. 그러나 합려는 몰랐습니다. 그 '어린놈' 뒤에 범려(范蠡)란 천재 지략가가 있다는 것을요! 월나라와의 전투에서 큰 부상까지 당하면서 처절하게 패배한 오나라 왕 합려. 결국 부상 후유증으로 죽게 되는데 죽기 전에 아들에게 왕 자리를 물려주면서 꼭 아버지의 원수를 갚아달라고 합니다. 아이고, 이놈의 원수 갚기! 하긴 중국 무협지나 고전 영화를 보면 거의 100% '집안의 원수 갚는 스토리'지요.

합려가 죽은 후 새롭게 오나라의 왕이 된 합려의 아들 이름은 '부차(夫差)'였어요. 꼭 기억하세요. 지금부터 본격적인 오나라 vs 월나라의 대결은 '월구천(그리고 범려) vs 오부차(그리고 오자서)'의 대결이기 때문입니다. 오나라 왕 부차는 왕 자리에 오른 직후부터 "아버지의 원수를 갚기 전까지 절대 편하게 잠들지 않겠다"라고 선언하고 장작 위에서 힘들게 잠을

잤어요. 바로 '와신상담'의 '와신(臥薪)'을 한 겁니다! 와(臥)는 '눕다'란 뜻이고 신(薪)은 '땔감나무'란 뜻이에요. 즉, 땔감으로 쓰는 나무 위에 누워 잔다는 말이랍니다.

월나라의 구천은 오나라 대군을 격파했다는 자신감에 도취되고 말았어요. 매일 밤 파티에 군사 훈련도 게을리했어요. 물론 범려는 이런 구천을 도시락 싸들고 다니면서 말렸지만 이 '어린놈'은 말을 듣지 않았답니다. 그런 가운데 오나라의 부차와 오자서는 차근차근 복수를 준비하고 드디어 군대를 이끌고 '복수'를 위해 월나라로 쳐들어갑니다. 결론은? 범려가 우려했던 것처럼 월나라가 박살이 나요. 심지어 월의 구천은 오나라에 포로로 잡히기까지 했어요.

오나라의 부차는 월나라의 구천을 죽이지 않고 살려줍니다. 왜? 죽이는 것보다 노예로 만들어 평생 고생시키는 것이 더 큰 복수라 생각한 겁니다. 물론 오자서는 크게 놀라며 반대를 해요. "지금 구천을 죽이지 않으면 반드시 후회할 겁니다! 대왕!"이라면서요.

오나라의 포로 아니, 노예가 된 구천과 범려. 썩은 밥을 먹고 마구간에서 잠을 자면서 비참한 생활을 해요. 그래도 한때는 한 나라의 왕이었는데 말이죠. 그러다가 결정적인 기회를 잡아 풀려나는 데 성공합니다. 오나라 왕 부차가 심한 병으로 고생했는데 구천이 "제가 의술을 좀 압니다" 하면서 부차의 변을 먹었어요. 예, 변을요! 변 맛(?)을 보면 병 상태를 알 수 있다고요. 그런 구천의 모습에 감동받은 부차는 '과연 나를 존경하는구나'라고 생각하고 구천과 범려를 풀어줍니다. 너희 월나라로 돌아가라는 배려와 함께요. 물론 이때도 오자서는 피를 토하면서 반대를 했어요.

지금 속고 계시는 거라고요.

 구사일생으로 월나라로 돌아온 구천. 지금까지 오나라에서 당한 수모를 잊지 않겠다는 각오로 매일 곰의 쓸개를 핥아 먹었어요. 맞아요, 와신상담의 '상담(嘗膽)'이랍니다. 여기서 상(嘗)은 '맛을 보다'란 뜻이고 담(膽)은 '쓸개'란 뜻이에요. 매일 쓴맛을 보면서 그날의 치욕을 잊지 않겠다는 각오였죠. 그렇게 완성된 말이 바로 와신상담(臥薪嘗膽)이랍니다.

 월나라의 구천은 미인계까지 써가며 차근차근 오나라에 대한 복수를 준비해요. 중국 4대 미녀 중 하나인 서시(西施), 들어보셨죠? 가슴 병이 있어 항상 얼굴을 찡그리는 버릇이 있었는데 그 모습마저 아름다워 천하의 여인들이 다 얼굴 찡그리며 따라 했다는 바로 그 서시. 바로 월나라의 구천과 범려가 오나라 부차에게 보낸 미녀 첩자였어요. 서시의 미모에 정신 줄을 놓아버린 오부차. 나랏일은 다 내팽개치고 서시와 노는 데 정신이 나갑니다. 여기에 격분한 오자서는 부차 앞에서 서시의 뺨까지 때리는 일이 일어나요!

 이런 오자서의 '하극상'이 점점 마음에 안 들었던 오나라의 부차는 결국 오자서를 죽여버릴 계획을 세웁니다. 부차가 자기를 없앨 마음을 먹었다는 걸 눈치챈 오자서는 자신의 적인 월나라의 범려를 찾아가요. 그러면서 "원래 초나

중국 4대 미인, 월나라의 서시

라 사람이었던 내가 오나라에 너무 오래 머물다 보니 떠날 때를 놓친 것 같소. 범려, 그대는 나의 적이지만 어찌 보면 나와 같은 처지의 동지요. 내가 충고 하나 하리다. 더 늦기 전에 떠날 때가 오면 떠나시오"라는 말을 전하지요.

오나라 부차는 결국 오자서에게 '하극상'의 죄목으로 자결을 명합니다. 마지막 유언은 이랬습니다. "난 내 운명에 의해 죽지 않는다. 난 내 의지대로 죽는다. 그리고 내 눈을 오나라 성문에 걸어라. 오나라가 월나라에 의해 멸망하는 걸 내 눈으로 똑똑히 볼 것이다!"란 유언을요. 그리고 오자서는 칼로 자신의 목을 찌릅니다. 오자서는 자신의 말처럼 '박수 칠 때 떠나지 못해서' 결국 이렇게 억울한 죽음을 맞고 맙니다.

오나라는 스스로 무너졌어요. 이딴 왕이 나라를 다스리니 결말은 안 봐도 비디오죠. 오자서의 예언처럼 월나라의 구천은 범려와 함께 오나라를 총공격해 들어왔어요. 오나라의 부차는 결국 자결을 합니다. 그리고 유언으로 자신의 얼굴을 천으로 덮어달라고 해요. 왜? 죽어 저승에 가서 오자서의 얼굴을 볼 수 없다는 이유였어요.

이렇게 오나라는 월나라에 패망하고 맙니다. 월나라가 최종 승자가 된 것이죠. 당연히 기뻐해야 할 범려는 조용히 나라를 떠납니다. 왜? '적이자 친구인' 오자서의 마지막 충고를 따른 것이죠. "박수 칠 때 떠나라." 이때 범려가 남긴 말이 바로 '토사구팽(兔死狗烹)'이랍니다. 토끼 사냥이 끝나면 사냥개는 보신탕이 된다는 말이죠. 많은 이들이 이 고사성어를 한나라의 '한신'이란 사람이 한 걸로 알고 있는데요. 아닙니다. 한신도 범려의 말을 인용했던 겁니다.

나중에 혹시 기회가 된다면 중국 항주(杭州), 소주(蘇州), 소흥(紹興)에 한번 여행 가보세요. 모두 상해에서 자동차로 한 시간 내의 거리랍니다. 이곳들이 바로 오나라와 월나라가 있던 지역이거든요. 지금도 월구천, 오부차, 합려, 오자서와 관련한 유적이 많이 남아 있답니다.

자, 지금까지 춘추시대에서 꼭 기억해야 할 인물과 사건을 알아봤으니 이제 전국시대로 한번 넘어가 볼까요?

진(晉)나라가 붕괴하면서 전국시대 헬게이트, 열리다

이제 전국시대 얘기를 좀 해볼까 해요. '춘추5패' 중 진(晉)나라라고 있었어요. 지금의 중국 산시성[山西省]에 있던 나라예요. 이 진(晉)나라는 나중에 중국을 통일하는 진시황의 진(秦)나라와는 다른 나라예요. 꼭 기억하세요. 중국 역사는 이게 복잡해요. 발음이 비슷한 나라가 많아서요. 하여간 이 진(晉)나라, 춘추5패 가운데서도 거의 원톱, 투톱을 하던 강력한 나라였어요. 역사적으로 전국시대는 이 진나라에 집안싸움이 일어나서 3개의 독립국으로 분열되는 기원전 403년부터 시작돼요. 왜? 중국의 여러 제후국들이 보기에 '봐라, 저 강대국인 진나라도 집안싸움으로 망하잖아. 이제 누구도 우리를 지켜줄 이웃나라는 없어. 각자도생이야. 서로 죽고 죽이고 마지막 남는 자가 나올 때까지 본격적으로 싸워보자!'라고 생각한 것이죠. 그럼 이 강대국 진나라는 왜 집안싸움을 하게 된 것일까요?

진나라는 4개의 방귀 좀 뀌는 집안에 의해 통치가 되었답니다. 지씨(智氏), 한씨(韓氏), 조씨(趙氏), 위씨(魏氏) 이렇게 4집안이었죠. "동업은 성공하기 힘들다"란 말도 있듯이 진나라라는 큰 강대국을 이렇게 4집안이 서로 나눠서 지배를 하다 보니 슬슬 알력 다툼이 생기기 시작했어요. 이중 가장 힘있는 집안은 지씨였어요. 지씨 집안의 대장은 지백(智伯)이란 인물이었는데 아주 야망이 무시무시했어요. '아무리 우리 진나라가 큰 나라라고 해도 4집안이 서로 나눠서 땅따먹기 할 정도는 아니다. 내가 나머지 3집안을 다 무너뜨리고 이 진나라를 다 먹어야겠다! 하하하!'란 마음을 먹었어요.

그러면서 생각을 해요. '어느 놈부터 작살을 낼까?'라고요. 나머지 3집안 가운데서 그나마 힘 좀 쓰던 '넘버 2'는 바로 조씨 집안이었답니다. 조씨 집안은 조양자(趙襄子)란 인물이 대장이었어요. 지백은 '그래, 먼저 조양자부터 박살을 내는 것이 좋겠군'이라고 마음을 먹고 먼저 나머지 한씨와 위씨를 협박합니다. "어이, 한씨, 위씨. 나 지백인데, 알지? 내가 힘제일 쎈 거? 내가 이번에 건방진 조씨 집안을 좀 박살 내려고 하는데 너희 한씨, 위씨 까불지 말고 나 지백이랑 힘을 합치는 건 어때? 그러면 나중에 내가 떡고물 좀 떼어줄게"라는 협박 아닌 협박을 해요. 그러자 한씨와 위씨의 반응은? 당연히 일단 지백을 도와준다고 합니다. 어쩌겠어요. 이 동네 짱이 그러시겠다는데 어디 감히 반항을 합니까?

한씨, 위씨의 군대까지 끌어모은 후 조씨를 박살 낼 준비를 다 끝낸 지백은 조씨, 즉 조양자가 사는 성으로 쳐들어가 성을 포위합니다. 그리고

"순순히 항복하고 니 땅을 내놔라! 조양자!"라고 협박을 해요. 해서는 안될 가족 욕까지 하면서요. "아이고, 조양자, 너도 아들이라고 너희 엄마가 널 낳을 때 미역국 먹었겠구나? 하하하!" 정도의 가족 욕까지 했어요. 조양자는 당연히 격분해서 죽을 때 죽더라도 성문을 열고 나가 싸우다 죽겠다, 선언을 해요.

그런데 그 밑의 참모들이 말립니다. 그것이 바로 지백의 계략이라고요. 그리고 참모들은 이런 제안을 합니다. "어차피, 한씨, 위씨도 다 지백의 협박 때문에 저렇게 소돼지 도살장 끌려오듯이 억지로 끌려왔을 겁니다. 차라리 이걸 역으로 이용합시다. 한씨, 위씨에게 몰래 연락을 해서 우리 편으로 끌어들입시다. 우리 '약자 3팀'이 힘을 합치면 강한 놈 하나쯤 때려눕힐 수 있습니다"란 제안을요. 그 말은 들은 조양자는? 바로 그 계획을 실행합니다. '약한 놈 3(조, 한, 위) vs 강한 놈 1(지)'의 대결 구도를 만들기 시작한 겁니다.

당시 한씨 집안의 대장은 한강자(韓康子), 그리고 위씨 집안의 대장은 위환자(魏桓子, 위장병 환자란 뜻은 아닙니다)였는데 조양자의 제안을 듣고 '그래, 언제까지 우리가 지백놈의 저 갑질을 견뎌야 해? 이 기회에 지백놈에게 우리의 파워를 보여주자'라고 마음을 먹고 '조, 한, 위 연합'을 결성합니다! 그런데 과연 지백이 이런 '약자 연합' 가능성을 몰랐을까요? 여러 역사 기록을 보면 "그럴 가능성은 전혀 없을 것"으로 믿었다고 해요. 왜? 그만큼 자신의 능력을 과신했던 것이죠. '감히 니들이? 그럴 리 없다'란 과신이 그에게 몰락을 가져왔던 것이죠.

조양자의 성을 포위하고 느긋하게 시간을 보내며 성 밖에서 '조양자의 부모 욕'만 하고 있던 지백. 갑자기 밤에 습격을 받습니다. 자다 놀라서 깬 지백은 "누구냐? 조양자가 급습한 거냐?"라고 물었다고 해요. 아직 상황 파악 못하고 있던 것이죠. 알고 보니 조양자뿐 아니라 한씨, 그리고 위씨까지 3집안이 한꺼번에 지백을 급습한 겁니다. 아무리 천하의 지백이라고 해도 '조그만 놈들 세 놈이 합체'를 해서 달려드니 감당이 안 된 겁니다. 그래서 허겁지겁 도주를 하던 지백, 도주로에 떡하니 지키고 있던 조양자에게 딱 걸리고 맙니다. 조양자는 당황한 지백에게 "어이, 지백. 성 밖에서 우리 부모 욕할 때 좋았지? 그러고도 아무 일 없을 줄 알았지? 하하하!"라고 놀린 후 지백의 목을 베어버립니다. 맞아요, 기세등등했던 지백은 조양자에 의해 죽어요. 객사한 거죠. 이렇게 지씨 가문은 진나라 등기부 등본에서 사라져버립니다. 그리고 조양자는 남아 있던 지백의 일가 친척들을 모조리 다 죽여요. 이제 진나라는 조, 한, 위, 이렇게 세 가문이 사이좋게 나눠서 다스리는 상황이 된답니다. 원래 그렇게 약속하고 연합을 한 것이니까요.

　여러분, 한 나라 또는 한 집안이 쫄딱 망한다고 모두 다 바로 항복하는 것은 아니지요. 당연히 저항세력이 생기겠지요. 망한 지씨 집안에서도 마찬가지였습니다. 지백의 비서실장 겸 경호실장이었던 예양(豫讓)이란 인물이 있었답니다. 바로 이번 이야기의 주인공인데요. 자기가 모시던 지백이 억울하게 죽는 일이 벌어지자 '중국 영화나 소설의 단골 메뉴'인 복수를 또 준비합니다. 마침 조양자는 '동네 넘버원'이었던 지백을 꺾은 후 자뻑에 빠져 대규모 궁궐 공사를 시작했는데 그 공사 현장에 공사 노동자로 신분을 숨기고 들어갑니다. 왜? 궁궐 공사를 하다 보면 공사 현장에 조양자가 한번은 올 테고 그때 암살을 하려고요.

　그때! 예양은 충격적인 소식을 듣습니다. 바로 조양자가 술을 따라 마시는 술잔에 관한 소식이었어요. 자신이 모셨던 지백의 머리를 잘라 그 두개골로 술잔을 만들어 거기에 술을 따라 마시면서 파티를 연다는 충격적인 소식이었어요. 죽은 사람 욕보이는 방법 중 끝판왕이었습니다. 당연히 예양은 격분했고 반드시 저놈, 조양자의 목을 똑같이 쳐 죽이리라고 각오를 했어요.

　그렇게 복수를 준비하던 중 예양에게 뜻밖의 기회가 찾아옵니다. 바로 궁 안에서 조양자가 쓰는 변소를 치우는 일을 할 지원자를 모집한다는 것이었어요. 예양은 생각해요. '이건 하늘이 주신 기회다. 조양자도 볼일을 보러 변소에 갈 때만큼은 호위 무사 없이 혼자 갈 것이다'라고요. 그리고 바로 변소 청소 일에 지원을 합니다. 그리고 그 더러운 변소 바닥 안으로 들어가요. 그리고 밤이 되도록 기다렸습니다. 드디어 밤에 조양자가 변소 안으로 혼자 들어왔어요. 기회가 온 것이죠. 그런데 변소 밑에 숨어 조양자가 바지(?)를 내리는 순간만 기다리던 예양에게 위기가 찾아와요. 그날 달빛이 유난히도 밝았는데 그 달빛이 변소통 밑 예양의 서슬프런 칼날에 반사된 것입니다! 번쩍! 그 번쩍임을 조양자는 순식간에 눈치채요. 그리고 볼일을 보지 않고 바로 변소 밖으로 나갑니다. 그리고 호위 무사들에게 변소통 밑에 숨은 자객을 붙잡으라고 명을 내립니다.

　그래요, 예양은 그렇게 체포됩니다. 죽은 목숨이었죠. 그런데! 조양자가 예양을 풀어줍니다. 옛 주군을 위해 목숨을 바쳐 복수를 하려는 모습에 감동을 받았다고 역사서에는 기록되어 있습니다. 흠, 하여간 "자객 놈을 풀어주면 안 됩니다!"라고 말리는 부하들에게 조양자는 이런 멋진 말을 했다고 하죠. "너희 중에 나를 위해 이 자처럼 목숨을 바칠 각오가 있는 놈 있냐? 없지? 그럼 풀어줘라"라고요. 예양도 멋진 한마디를 하고 떠납니다. "내 목숨이 붙어 있는 한 반드시 조양자, 너를 죽이겠다"라고요.

운 좋게 풀려난 예양은 그 이후, 얼굴에 상처를 내서 망가뜨리고 또 숯을 삼켜서 목소리까지 바꿔버립니다. 왜? 이미 조양자가 자신의 얼굴과 목소리를 알아버려서 또다시 접근하기 힘들었기 때문이죠. 그리고 조양자가 출근하는 길목에 걸인처럼 엎드려 조양자가 지나가기만을 기다립니다. 물론 품에는 칼을 숨기고요.

드디어 조양자가 예양 앞으로 지나가게 되었답니다. 엎드려 있던 예양은 벌떡 일어나 "조양자, 이놈! 우리 지백님의 복수다!"라고 칼을 휘둘렀는데 안타깝게도 호위 병사들에게 막혀버려요. 놀란 조양자는 "넌 누구냐?"라고 물어요. 예양은 당당하게 "난 예양이다. 너에게 접근하기 위해 얼굴과 목소리를 바꿨다"라고 자백을 합니다. 이에 조양자는 "이번엔 너를 살려둘 수가 없다. 저놈을 죽여라"라고 호위 병사들에게 명령합니다.

이에 예양은 "마지막 부탁이다. 조양자, 당신의 옷이라도 칼로 벨 수 있게 해달라"라고 요구하죠. 이에 조양자는 쿨하게 "그래, 내 옷이라도 베어라"라고 옷을 내어줍니다. 예양은 "조양자, 고맙소"란 말을 하고 조양자의 옷을 베어버립니다. 그러곤 "지백님! 이것으로나마 원혼을 달래소서! 저도 지백님 뒤를 따라 가겠습니다!" 그리고 스스로 목숨을 끊어버립니다. 이를 가만히 지켜보던 조양자는 "예양은 의로운 신하였다. 예를 갖춰 장례를 치러주어라"라고 명령합니다.

조양자의 옷을 베는 예양

자, 여기까지가 중국 역사의 아버지라는 사마천(司馬遷)이 쓴 《사기》의 〈자객열전〉 중 '예양편'이었습니다. 열전(列傳)은 임금이 아닌 인물의 이야기를 차례대로 적은 역사서를 뜻해요. 당연히 〈자객열전〉은 여러 자객들의 이야기를 묶은 책을 말하겠지요. 하여간 이 사건이 왜 중국 역사에서 중요한가, 하면요. 이렇게 진(晉)나라가 조씨, 한씨, 위씨의 나라로 쪼개지면서 중국 대륙은 본격적으로 춘추시대에서 전국시대로 넘어가게 되었기 때문입니다. 왜? 상상해보세요. 미국이 갑자기 내전으로 제임스, 스미스, 토머스의 나라로 쪼개지면서 개판이 되었다고요. 전 세계 여러 국가들은 '강대국 미국도 저렇게 개판이 되는데 우리도 한번 주변국들과 신나게 한번 싸워볼까?'라고 생각할 것 아니겠어요. 당시 이미 허수아비 왕실이 되어버린 '주(周)나라'에 형식적이나마 '부하 국가'로 예를 갖추던 여러 제후국들(간단히 말해 부하 국가들)이 "야, 진나라도 개판이 되고 지들 마음대로 나라를 세우는데 우리는 왜 가만있냐? 우리도 신나게 싸워보자!"라면서 주나라 왕실을 개무시하며 본격적으로 서로 전쟁을 벌입니다. 바로 전국시대(戰國時代)의 시작이었습니다. 지금부터는 각 나라들이 각자도생의 대혈전에 들어갑니다. 언제까지? 진(秦)나라의 영정이란 왕이 기원전 221년 전국시대를 끝내며 중국을 통일하고 스스로 진시황(秦始皇)이란 중국 역사상 첫 황제가 되는 그 순간까지 말이죠.

진(秦)나라, 중국 대륙의 원톱 강자로 떠오르다

여러분, 드디어 그 유명한 진시황이 등장할 차례가 왔어요. 전국시대 중국 대륙엔 크게 7개의 강대국이 있었답니다. 이른바 '전국칠웅(戰國七雄)'이라고 불리던 나라들이었어요. 바로 진(秦)나라, 초(楚)나라, 제(齊)나라, 연(燕)나라, 조(趙)나라, 위(魏)나라, 한(韓)나라였는데요. 춘추시대와 다른 점은 춘추시대의 나라(?)들은 형식상으론 주나라 왕실의 지배를 받는 제후국(부하 국가들)이었지만 전국시대의 7개 강대국은 더 이상 주나라 왕실의 지배를 받지 않는 '독립국'이라는 차이가 있어요.

이들 7개 국가 가운데서 곧 중국 대륙을 통일하는 진(秦)나라는 7개의 강대국 중 처음엔 가장 힘이 약했던 나라였어요. 그런데 무슨 수를 써서 나머지 6개 나라들을 다 격파해버리고 최종 승자가 될 수 있었을까요? 바로 진나라가 '법치(法治)국가'였기 때문입니다. 엥? 그럼 나머지 국가들은 법으로 다스리던 나라가 아니었단 말인가요? 물론 법은 있었지만 나머지 국가들은 법보다는 '어짊, 예의' 등을 더 강조했어요. 우리가 알고 있는 공자님, 맹자님 등 중국의 대표 스승님들도 다 이때 등장한 인물들이랍니다.

혹시 '제자백가(諸子百家)'라고 들어보셨나요? 여기서 제(諸)는 '모든'이란 뜻이고 자(子)는 '스승님'이란 뜻이에요. 백(百)도 '수많은'이란 뜻이고 가(家)는 '사상가'란 뜻이랍니다. 즉, '세상의 모든 스승과 사상가'라는 말이죠. 여러분, 그거 아세요? 세상이 혼란하면 혼란할수록 별의별 사상과 이론들이 나온답니다. 왜? 혼란에서 벗어날 해결책을 어떡해서든 찾아

보려는 필사의 노력인 것이죠. 프랑스 혁명 후에 별의별 인권과 민주주의에 대한 사상이 나온 것과 같아요. 프랑스 시민들이 자기 손으로 루이 16세의 목을 쳐버렸는데 '뭐야, 우리가 왕을 죽인 거야?'란 생각에 그 말도 안 되는 행동의 명분을 찾기 위해 수많은 이론과 사상을 만든 것처럼요.

당시 중국도 마찬가지였어요. 춘추전국시대란 헬게이트가 열리자 이 혼란을 해결할 해답을 찾기 위해 수많은 사상과

인(仁)과 예(禮)를 중시한 공자

사상가들이 쏟아져 나온 것이죠. 그중 원톱은 뭐니 뭐니 해도 역시 공자(孔子)였어요. 공자는 인(仁)과 예(禮), 즉 '어짐과 예절'을 강조했고 묵자(墨子, 밥 묵자, 아닙니다)란 어르신은 '평화'를 강조했어요. 그리고 노자(老子)란 양반은 "자연으로 돌아가자!"를 외쳤답니다. 하여간 춘추전국시대의 각 나라들은 이런 사상 중 하나를 자기 나라 통치 이념으로 택해서 나라를 다스렸는데요. 지금 중국의 변두리인 산시성에 위치했던 진(秦)나라는 "우리는 '인, 예, 자연, 평화' 따위는 필요 없다! 우리는 법(法)이 최고다!"라면서 법으로 강력하게 나라를 다스렸어요. 결과적으로 그것이 중국을 통일시킨 원동력이 되었고요.

자, 그럼 도대체 법으로 나라를 다스리는 것이 뭐가 그리 중하기에 중국 대륙 통일까지 이끌었나, 알아볼까요? 진나라는 중국 통일 전, 지방의 변두리 국가였을 때 상앙(商鞅)이란 사람이 재상(국무총리) 자리에 있으면서 강력한 법치 국가로 만들었어요. 상앙이란 사람은 "다 필요없다. 예절이 밥 먹여주냐? 무조건 국가는 강력한 법에 의해 다스려져야 한다"라고 믿었던 인물이에요. 하지만 진나라 백성들은 처음에 상앙의 주장을 믿지 않았어요. '법, 그게 뭔데? 지킨다고 뭐 떡고물이라도 떨어지나?'라고 상앙의 법치를 비웃었어요.

여기서 상앙은 백성들에게 파격적인

'도가'의 시조 노자

제안을 하나 해요. 남쪽 성문에 나무 막대기를 하나 세워놓고 그 막대기를 북쪽 성문으로 옮기면 금 10덩어리를 주겠다고요. 그리고 그것이 바로 국가의 법이라고 말하지요. 하지만 아무도 상앙의 말을 믿지 않았어요. "미쳤나봐. 나무 막대기 하나 옮기면 황금을 준다고? 허, 국무총리 상앙 양반, 농담이 심한데"라고 말하면서요. 그러자 상앙은 막대기만 옮기면 황금 50덩어리를 주겠다고 상금을 올립니다. 그러자 호기심 천국이었던 한 백성이 "밑져야 본전이지" 하면서 막대기를 옮겨요. 상앙은 약속한 대로 그 백성에게 황금 50덩어리를 줘요. 이때 진나라 백성들은 신선한 충격을 받지요. "나라가 한 말을 지키면 보상이 확실하다"란 충격이요. 즉, 나라가 정한 법을 지키면 보상이 따른다는 것을 깨달은 겁니다. 기원전 359년의 일이었어요.

이때부터 상앙은 강력한 법치 드라이브를 겁니다. 법을 지키면 확실한 보상을, 법을 어기면 확실한 처벌을 하기 시작한 겁니다. 전쟁을 하고 성과를 내면 일반 병사라고 하더라도 확실한 보상을 해주는 것을 법으로 정해버립니다. 그러니 병사들의 사기는? 당연히 하늘로 치솟았어요. 이기면 확실한 보상을 국가가 해줬으니까요. 이것이 진나라 군대가 점점 시간이 지나면서 천하무적의 전투 머신이 된 주요 배경 중 하나입니다. 상앙은 또한 이런 법 적용을 신분의 차이, 지위 고하를 막론하고 완전 공정하게 적용을 했답니다. 귀족, 왕족이라고 해도 법을 어기면 일반 평민과 똑같이 처벌을 했어요.

어느 정도였냐, 하면 당시 태자(다음 왕)가 그만 법을 어기고 맙니다. 상앙은 주장해요. 아무리 태자라고 해도 법을 어겼으면 처벌을 받아야 한다고요. 그러나 "다음 왕인 태자를 처벌할 수 없다"라고 사방에서 강력하게 반대를 하자 태자 처벌은 포기하고 그 대신 태자를 가르치던 스승의 코를 베어버립니다. "니가 그딴 식으로 태자 교육을 잘못해서 태자가 저 모양이니 니가 대신 벌 받아"였어요. 그 정도로 강력한 법치를 실시했답니다. 그러다 보니 진나라는 산에 도적 떼들이 사라지고, 거리에 폭력이 사라지고, 남의 물건을 훔치는 일도 사라진 반면, 전투에만 나가면 병사들은 전투 머신이 되었어요. 이러니 진나라가 강대국이 안 되면 더 이상한 것이겠지요. 다른 나라들은 "공자 왈, 맹자 왈" 할 때 말이지요.

드디어 중국을 통일하는 진나라, 그리고 진시황

강력한 법치로 나라의 전투력을 만렙으로 끌어올린 진나라. 그 절정은 진나라의 제6대 왕이었던 영정(嬴政) 때 극에 달합니다. 성씨가 영(嬴)이고 이름이 정(政)이랍니다. 맞아요, 이 인물이 바로 나머지 6개 나라를 각개격파를 하고 중국을 하나로 통일하는 진시황이 되는 인물이랍니다. 기원전 247년에 겨우 13살의 나이로 왕이 된 영정은 의외로 똑똑한 인물이었답니다. 어린 나이에 왕이 되다 보니 그 자리를 노리는 불순한(?) 사람들이 주변에 꽤 있었어요. 심지어 자기 친엄마까지 아들의 왕 자리를 노리는 일이 발생해요. 친엄마가 바람이 났거든요. 그 불륜 관계에서 태어난 아들, 그러니까 영정의 입장에선 아버지가 다른 형제들이겠지요. 하여간 친엄마는 영정을 몰아내고 불륜 관계에서 태어난 아들을 왕좌에 앉힐 계획까지 세웁니다. 하지만 영정은 그 모든 위험을 제거하고 나이 22살에 실질적인 권력을 휘어잡습니다.

영정은 정말 성실한 왕이었어요. 매일 저녁 그날 들어온 수백 권의 죽간(나무로 만든 책)을 처리하지 않으면 잠자리에 들지 않았고 단 하루도 쉬지 않았어요. 그의 목표는 주변국보다 우월한 강대국이 되는 것이 아니었답니다. 중국 통일, 바로 그것이 그의 목표였어요. 그리고 바로 실행에 들어가요. 기원전 230년, 나머지 6개국 가운데 가장 힘이 약했던 한(韓)나라를 공격해 멸망시키는 것을 시작으로 통일 전쟁을 시작합니다. 그리고 나머지 국가들도 차례차례 각개격파로 멸망시킵니다. 그런데 이런 영정의 거침없는 통일 전쟁에 걸림돌이 하나 등장해요. 바로 초(楚)나라였습니다. 초나라는 당시 진나라와 거의 비슷한 수준의 군사력을 갖춘 절대 만만하게 볼 나라가 아니었던 것이죠. 영정은 고민에 빠져요. '이 초나라만 격파하면 통일 과업이 달성되는데 방법이 없을까'란 고민이죠.

이때 진나라의 젊은 장수인 이신(李信)이 영정 앞에서 이런 말을 합니다. "초나라 따위는 20만 병력이면 충분히 박살 낼 수 있습니다!"라고요. 당시 진나라의 병력은 총 80만 정도였거든요. 4분의 1이면 충분하다는 주장이었지요. 그런데 옆에서 그 소리를 들은 진나라 백전노장 왕전(王翦)이란 사람이 펄쩍 뛰면서 말려요. "무슨 소리요! 초나라는 우리 진나라의 모든 병력인 80만 중 60만을 동원해도 겨우 이길까 말까 한 나라입니다!"라고요. 영정의 반응은? "할배요, 나이 드니 겁만 늘었소. 집에 가서 손자나 보세요"라고 하며 노장군의 경고를 무시해버립니다.

젊은 장수 이신은 20만의 군사를 이끌고 초나라와 한판 붙었지만 결과는? 완전 박살이 납니다. 여기서 영정은 큰 깨달음을 얻었지요. '경험 있는 이의 충고를 무시하면 X 되는구나'라는 깨달음을요. 그리고 노장군 왕전을 찾아가요. 그러곤 "내가 잘못했소. 우리 진나라의 군사 거의 전부인 60만 대군을 줄 테니 가서 초나라를 꺾어주세요"라고요. 이에 왕전은 정말 노련한 장수답게 영정에게 이런 부탁을 합니다. "대왕, 제가 나가서 만일 전사하면 제 자식들이 의지할 곳이 없으니 조그만 집이라도 한 채 하사해주시면 출전을 하겠습니다"란 부탁이요. 이게 무슨 뜻이냐? 한 국가의 거의 모든 병력을 이끌고 나가면 혹시라도 영정이 '저 인간, 저 병력으로 쿠데타를 일으키면 어쩌지?'란 의심을 할 수 있잖아요. 우리나라 역사 중 이성계의 위화도 회군처럼 말이죠. "집 한 채만 달라"란 건 이 노장군이 "난 정말 권력엔 욕심이 없다"란 것을 영정에게 보여준 겁니다.

영정의 의구심을 해소시킨 후 진나라 정예 병력 60만을 이끌고 나간 왕전 장군. 결국 초나라의 대군과 맞서 승리한 후 초나라를 멸망시키는 데 성공합니다. 이제 남은 것은 지금의 산동반도에 있던 나라 제(齊)나라 하나뿐이었어요. 초강대국 초나라가 한 큐에 멸망하는 것을 본 제나라는 기겁하고 싸워보지도 않고 바로 항복하고 나라를 영정에게 바칩니다. 기원전 221년, 드디어 진나라의 영정이 전국시대를 이끈 나머지 라이벌 6개국을 다 굴복시키고 중국을 처음으로 통일한 순간이었습니다. 그의 나이 39살 때였어요.

중국 대륙을 통일한 영정은 '왕(王)'이란 타이틀 말고 그보다 위에 있는 타이틀을 원했어요. 그냥 왕이라고 해버리면 자기가 멸망시킨 6개국의 왕과 같은 지위가 되잖아요. 그래서 어떤 타이틀이 좀 있어 보일까, 고민을 하다가 중국 신화에 나오는 3명의 황(三皇), 5명의 제(五帝)를 각각 따서 황제(皇帝)라는 타이틀을 처음으로 만들어요. 또한 이런 황제란 표현을 처음으로 쓴 황제란 뜻으로 '시작하다'의 시(始)를 붙여 시황제(始皇帝)라고 스스로 불렀어요. 그리고 통일을 한 나라가 진나라다 보니 결국 다 붙여서 종합적으로 진시황제(秦始皇帝)라는 어마무시한 타이틀을 만들었어요. 맞아요, '황제'란 표현은 중국 역사에서 진나라 영정이 처음으로 만들어 쓰기 시작했답니다.

이제는 황제가
나라를 직접 통치한다!

기원전 221년, 드디어 중국 대륙 통일을 이루어낸 우리의 영정! 아니 진시황은 자기가 통일시킨 이 거대한 땅덩어리를 어떻게 하면 '반란 따위 걱정' 없이 통치할 수 있을까 고민을 해요. 지금까지 진시황 이전의 중국은 봉건제라고 해서 왕이 지방에 왕족이나 친척을 내려보내 "너희가 알아서 잘 다스려봐"라고 했던 제도였잖아요. 주나라 때 처음 만들어졌다고 말씀드렸죠? 효과가 있었나요? 결론적으로 봐서는 그리 장점은 없었다고 진시황은 판단했어요. 왜? 막상 '대장 왕(주나라 왕실)'이 위기에 빠졌을 때 도와주기는커녕 자기들끼리 권력을 놓고 치고받고 난장판이 됐잖아요. 그 결과물이 춘추전국시대고요.

그래서 진시황은 역사상 처음으로 도입합니다. 바로 '군현제(郡縣制)'를요. 당황하지 마세요. 쉽게 설명해드리겠습니다. 일단 통일 진나라의 행정구역을 36개의 군(郡)으로 나눕니다. 그리고 그 군 안에 작은 행정단위인 현(縣)을 둬요. 그리고 그 모든 담당 관리들을 싸그리 다 수도의 진시황이 일일이 임명해서 내려보내요. 그 말은 무슨 말이냐? 지방으로 내려간 관리들이 지방에서 세력을 만들 수도

중국을 통일한 최초의 황제, 진시황제

없어요. 왜? 영구적으로 내려간 것이 아니라 나름 임기가 있어서 임기가 끝난 후엔 다른 지방으로 '로테이션'되어 이동을 해야 했기 때문입니다. 부산에서 3년, 대구에서 2년, 이런 식으로요. 전문 용어로 '지방 뺑뺑이'라고 하지요. 그리고 지방으로 내려간 관리들은 무슨 수를 써서라도 수도의 진시황에게 좋은 점수를 받으려 했어요. 왜? 점수를 잘 받아야지 다음 번 인사이동 때 더 좋은 지역으로 갈 수 있으니까요. 결과는? 통일 진나라 전국을 진시황은 '클릭 한 번'으로 완전 통제할 수 있게 되었답니다.

진시황은 또 전국의 문자, 화폐, 도로 등을 하나로 통일합니다. 그전까지는 7개 나라가 각각 다른 문자, 화폐, 도로 규격을 썼거든요. 그걸 하나로 통일한 거죠. 백성들 좋으라고 그런 건 아니었어요. 그럼 왜? 일단 전국을 하나로 통치하기 쉽게 하기 위한 목적이었어요. 또한 지방에서 반란이 일어날 경우 신속하게 진압군을 보내기 위해서 도로 규격도 통일한

겁니다. 그리고 전국에서 방귀 좀 뀐다는 지방 유지의 가족들을 대거 수도로 끌고 옵니다. 인질 작전이었던 거죠. 반란 일으키면 식구들 다 죽인다는 협박이요.

그런데 진시황도 막상 중국을 통일시키고 나니 상당히 불안했던 모양입니다. 하긴 처음 해본 일이니 막상 일을 벌인 뒤 얼마나 불안했겠어요. 그래서 일단 내부적으로는 반란을 못 일으키게 집안 단속을 철저히 합니다. 그런데 사단은 외부에서 터졌어요. 하루는 옛날 고문서에서 "망진자 호야(亡秦者胡也)"란 문구를 발견해요. 이게 무슨 뜻인가 하면 "진나라를 망하게 하는 사람은 호(胡)다"란 뜻이에요. 여기서 '호'는 '오랑캐'란 뜻이

유네스코 세계문화유산으로 지정된 만리장성

진시황제가 세운 궁전, 아방궁

거든요. 진시황은 이 '호'를 북방 유목 민족인 '흉노'로 판단해요. (사실 이 '호'란 나중에 밝혀지지만 오랑캐란 뜻이 아니었어요. 나중에 말씀드릴게요.) 하여간 여기서 진시황은 멘붕이 온 것이죠. '역시 진나라를 망하게 하는 놈들은 북방 유목 민족이었어'란 판단에 그 유명한 만리장성 건설에 들어갑니다. 맞아요, 믿거나 말거나 우주에서도 보인다는, 인간이 만든 7대 불가사의 중 하나 중국 만리장성 건설은 진시황이 처음 시작한 겁니다.

정확한 기록은 없지만 만리장성 건설에 약 30만 명이 '강제로' 동원되었어요. 그런데 진시황은 만리장성만 건설한 것이 아니었답니다. 동시에 우리가 '사치'의 대명사로 쓰고 있는 아방궁도 그때 만들기 시작했어요. 아방궁(阿房宮)의 '아(阿)'는 '넓다'란 뜻인데 말 그대로 '넓은 방의 궁'이란 말이에요. 기록에 따르면 중앙 건물 안에는 동시에 만 명이 들어가 앉을 수 있었답니다. 그게 다가 아니었어요. 또 자기가 죽어서 들어갈 무덤 공사도 대규모로 시작을 한 상태였어요. 아방궁과 자기 무덤, 즉 진시황릉 공사에 각각 70만 명의 백성들이 '강제로' 동원됐어요. 이 전체 공사에 약 300만 명이 동원된 것으로 추산되는데 당시 중국의 인구가 3,000만 명이었거든요. 그 말은 중국 전국의 1집에서 적어도 1명이 강제로 끌려간 겁니다. 아시죠? 무리하게 토목공사를 한 왕들은 대부분 민심 이반으로 쫓겨났다는 것을요? 조선 시대의 광해군이 그랬잖아요. 임진왜란 끝나고 나라는 만신창이인데 무리해서 창경궁과 경희궁 공사를 밀어붙여서 쫓겨났잖아요.

　진시황의 이런 무리한 토목공사, 당연히 여기저기서 불만의 목소리가 터져나옵니다. 그중에서도 공자, 맹자의 제자들인 '유학자'의 목소리가 제일 컸어요. "왕이 백성을 괴롭히면 안 된다!"란 주장을 한 것이죠. 그래서 진시황은 생각합니다. '유교를 믿는 놈들, 손 좀 봐줘야겠어. 내가 뭐라고 했어. 세상에서 제일 좋은 건 법치라고 법치! 법을 무시하는 놈들 다 없애!'라고요. 그리고 또 생각을 했어요. '우리 진나라의 법치 사상을 뺀 다른 사상들은 다 위험해. 의학 같은 실용서적을 뺀 다른 사상의 책들을 다 없애야겠어!'라고도 생각했답니다. 그리고 실제 행동으로 옮겨요. 중국 전국의 모든 사상가의 책들(법가 빼고) 다 압수를 해서 불태웁니다. 그리고 유학자 460여 명을 시범 케이스로 생매장시켜버려요. 이것이 그 악명 높은 '분서갱유(焚書坑儒, 책을 불태우고 유학자를 묻어버린다)'입니다.

진시황, 갑자기 죽어버리다

　아시다시피 진시황은 오래 살려고 별의별 몸에 좋은 것은 다 먹고 다녔어요. 우리에게도 잘 알려진 '불로초'를 진시황은 너무도 찾고 싶

불로초를 찾아 동쪽으로 떠나는 서복의 함대

어 했답니다. 서복(徐福)이란 도사가 불로초의 위치를 안다고 진시황에게 보고를 했어요. 그리고 자기에게 어린 남녀 아이 각각 500명과 각종 금은보화, 그리고 큰 배 10척을 주면 불로초를 찾아오겠다고 말해요. 딱 봐도 사기의 냄새가 진하게 나지요. 하지만 불로초를 정말 먹고 싶었던 진시황은 서복이 원하는 걸 다 주고 빨리 가서 찾아오라고 했답니다.

서복이 정말 불로초를 찾아 돌아왔을까요? 그럴 리가 있나요. 안 돌아와요. 지금 제주도 서귀포에 가면 '서복기념관'이 있답니다. 왜? 전설에 따르면 서복이 불로초를 찾아 서귀포까지 왔다고 해요. 일본 규슈에 가도 서복기념관이 있는데 이 모든 걸 종합적으로 추론해보면 서복은 진시황을 상대로 국제 사기를 쳤을 가능성이 높아요. 애들 1,000명, 돈, 큰 배, 이걸 다 준비한 후 아예 처음부터 제주도 찍고 일본으로 가는 걸 목표로 삼았을 가능성이요. 당시 아직 완전 미개 상태였던 일본에서 자기 왕국을 만들고 떵떵거리고 사는 것이 원래 목표였을 가능성이 높아요. 불쌍한 진시황.

가져오란 불로초는 감감무소식이지, 자기가 강제로 통일해놓은 6개국은 슬슬 반란의 기미를 보이지, 암살 시도는 계속해서 일어나지(실제로 진시황에 의해 망한 연나라 출신의 형가(荊軻)란 자객이 거의 진시황 암살 성공 직전까지 갑니다) 몸과 마음이 지친 진시황은 건강이 급격하게 나빠져요. 게다가 진시황은 자기가 통일시켜놓은 중국 대륙을 끊임없이 돌아다니는 취미가 있었어요. 자기가 정복한 땅, 이제는 자기 땅이 된 중국 대륙을 자기 눈으로 직접 보고 싶어 했던 것이죠.

그러던 중 기원전 210년 7월, 지방 순시 중이던 진시황은 타고 있던 가마에서 그냥 갑자기 죽어버립니다. 나이는 겨우 오십이었어요. 죽기 직전에 자기도 명줄이 다 했다는 걸 본능적으로 느꼈는지 승상(지금의 국무총리)인 이사(李斯), 진시황의 최측근이었던 조고(趙高)라는 환관(남자 구실을 못하지만 왕이나 황제 옆에서 집사 노릇을 하던 사람), 그리고 마지막으로 진시황의 차남 호해(胡亥)를 불러 유언을 남겨요. 자기가 죽으면 지금 북쪽 만리장성 건설 현장에서 열심히 공사 관리 감독을 하고 있는 큰아들 부소(扶蘇)를 다음 황제 자리에 앉히라고요. 그 마지막 유언을 남기고 진시황은 가마를 타고 이동하던 중 길바닥에서 죽어버려요. 객사지요.

문제는 진시황의 그 유언을 알고 있는 사람이 이사와 조고, 그리고 호해 세 사람뿐이었다는 겁니다! 즉, 이 세 사람만 마음먹고 진시황의 유언을 조작하면 다음 황제는 자기들 마음대로 앉힐 수 있는 겁니다. 그리고 바로 실행에 옮겨요. 특히 조고란 환관이 아주 권력에 욕심이 많은 인간이었거든요. 그래서 다음 황제로 큰아들 부소가 아니라 둘째 아들 호해를 앉히려고 했답니다. 왜? 이 호해란 인간이 조금 덜 떨어진 인간이라 뒤에서 조종하기도 편했기 때문입니다.

조고는 진시황의 유언을 조작해서 국경 지대에서 열심히 근무하던 큰 아들 부소에게 보냅니다. 그 내용이 가히 충격적이었어요. "너, 그냥 죽어라"였어요. 부소는 효자였습니다. 진한 조작의 냄새가 진동하는 유서를 확인도 안 해보고 아버지의 명을 의심하는 것 자체가 불효라는 눈물겨운 유언을 남기고 스스로 목숨을 끊습니다. 물론 다 조고의 시나리오였지요. 그리고 어리바리한 둘째 아들 호해를 진나라의 다음 황제로 만들었어요. 말 그대로 이제부터 조고의 시대가 열린 겁니다. 그리고 진나라는 이제부터 멸망의 롤러코스터를 타요. 맞아요, 진시황은 오랑캐 호(胡)가 진나라를 망하게 할 것이라고 믿었는데 알고 보니 그 '호'는 오랑캐가 아니라 자기 아들 호해의 '호'였던 겁니다.

서서히
무너지는 진나라

얼떨결에 진나라의 2대 황제 자리에 오른 호해는 한 나라를 다스리기에는 너무 능력이 떨어지는 인간이었어요. 실제로 권력을 잡은 간신 조고는 호해를 산해진미와 미녀가 넘쳐나는 방에 가둬버리고 "폐하, 폐하가 정말 나라를 위해 하실 수 있는 일은 자녀들을 많이 생산하시는 일입니다"란 어이없는 말로 호해가 나랏일을 내팽개치고 여인들과 먹고 마시는 일에 푹 빠져 지내게 만들어요. 이제 진나라 멸망 카운트다운에 들어갑니다.

나라가 이 모양 이 꼴이 됐는데도 조고와 이사는 죽은 진시황이 시작한 만리장성 토목공사를 더욱더 무리하게 추진합니다. 아주 강력하게요. 어느 정도였냐, 하면 강제 노역에 동원된 백성들에게 몇 월 며칠까지 공사 현장에 도착해라, 명령을 내린 후 하루라도 늦게 오면 묻지도 따지지도 않고 바로 목을 잘라 사형을 시킬 정도였다니까요.

진시황이 죽은 후 1년 후인 기원전 209년, 강제 동원 명령을 받고 만리장성 공사 현장으로 가던 진승(陳勝)과 오광(吳廣)이란 농민. 갑자기 쏟아진 폭우로 길이 끊기자 고민에 빠져요. "길이 끊겨 도착일을 지키지 못할 것 같다. 알지? 하루라도 늦으면 목이 댕강 날아가는 것을? 이왕 죽을 바엔 세상 한번 뒤집어보고 죽지 않을래?"라고 같이 가던 약 900명의 농민들을 설득합니다. 그렇죠. 앞으로 가도 뒤로 가도 죽는다면 칼이라도 한번 휘둘러보고 죽어야죠. 그래서 진승과 오광은 바로 반란을 일으킵니다. 이것이 바로 중국 역사상 처음 일어난 농민 반란 '진승과 오광의 난'입니다. 이때 진승이 했던 말이 아주 유명하지요. "왕후장상의 씨가 따로 있더냐!"란 말. 왕은 왕, 후는 귀족, 장은 장군, 상은 재상(고위 공직자)의 씨가 따로 있냐는 말입니다. 즉, 농민 출신인 자기들도 왕이 되지 말란 법이 어디 있느냐, 란 아주 혁명적인 말이었죠. 맞는 말이에요. 누군 DNA 검사해봤더니 상놈 DNA가 나오고 누구는 재벌 DNA가 나오고, 이런 일은 없잖아요. 기원전 209년의 일이었습니다.

진승과 오광의 농민 반란군, 사실 오합지졸이잖아요. 그에 비해 무너지는 나라였지만 진나라의 병사는 훈련을 제대로 받은 정규군이었습니다. 그래서 반란은 6개월 만에 진압됩니다. 그런데 말입니다. 이 농민 반란이 기폭제가 되어 진나라 전국에서 너도나도 할 것 없이 반란을 일으키기 시작한 겁니다! 특히 진시황에 의해 '강제 통일'이 되었던 6개국 출신들이 각자 "옛 영광을 되찾자!"를 외치며 들고 일어난 겁니다.

이제 진나라 조정은 큰 고민에 빠졌습니다. 아니, 실권자인 환관 조고는 큰 고민에 빠졌습니다. '이 사실이 황제 귀에 들어가면 안 된다'라고 생각하고 어리고 멍청한 황제를 더욱 술과 여인에 둘러싸이게 만듭니다. 이런 상황에서도 권력이 더 탐났는지 같은 쿠데타 동지인 승상(국무총리) 이사에게 모함을 씌운 후 죽여버려요. 같은 동지도 죽여버린 겁니다. 이사의 가족, 친지들도 모조리 다 죽여버렸어요. 반란군은 점점 진나라의 수도인 함양(지금 중국의 서안) 쪽으로 밀고 들어오기 시작했어요.

이런 긴박한 상황임에도 황제에게 보고가 되지 않았어요. 황제는 그냥 매일 밤 파티만 즐겼죠. 그런데 아무리 숨겨도 세상에 완전한 비밀은 없는 법. 결국 황제도 바깥 돌아가는 상황을 알게 됩니다. 그리고 이 모든 것이 다 간신 조고의 짓거리란 것도 알아채요. 격분한 황제는 당장 조고를 잡아오라고 명하지만 이 또한 미리 눈치를 챈 조고 일당에게 황제는 도리어 죽임을 당합니다. 2대 황제가 죽기 전 무릎을 꿇고 싹싹 빌면서 이런 말을 했어요. 조그만 마을이라도 하나 떼어주면 거기 가서 '면장'이나 하면서 조용히 살 테니 살려만 달라고요. 당연히 거절당합니다. 그러자 황제는 "평민이나 노비로 살 테니 살려만 달라"라고 빌어요. 또 거절당합니다. 결국 자신의 운명이 거기까지인 걸 깨닫고 스스로 목숨을 끊습니다. 진시황 아들 호해(胡亥)의 불쌍한 죽음이었습니다.

황제까지 죽여버린 조고, 황족 중 정통성도 있고 좀 만만하게 보였던 인간을 허수아비 황제로 앉히려고 해요. 자영(子嬰)이란 인물이었는데요. 형식상으로 진나라 3대 황제가 된 겁니다. 그런데 이 자영이란 인물, 결코 만만한 사람이 아니었어요. 왜? 기억하시죠? 조고가 진시황의 유서를 위조해서 "너, 그냥 죽어라"라고 해서 억울하게 죽은 진시황의 큰아들 '부소'요. 자영은 그 부소의 아들이었어요. 조고가 자기 아버지를 죽인 후 정말 숨죽이고 바짝 엎드려 권력욕이 없는 '척'하고 살았거든요. 그런 모습을 보고 조고가 방심한 것도 있고 그만큼 당시 조고도 경황이 없을 정도로 상황이 급박하게 돌아간 겁니다. 하여간 자기 아버지를 죽인 원수 조고에게 이를 갈고 있었는데 그 원수가 자기를 다음 황제로 만들어주네? 하늘이 준 기회였지요. 그래서 새 황제로 즉위를 한 지 5일 후, 바로 조고 일당을 일망타진하고 죽여버립니다. 전광석화 같은 조치였어요. 조고는 죽을 때 "이 반란군 놈들아!"라고 외쳤다고 하는데, 황제를 죽인 반란은 자기가 저질러놓고 헛소리를 하고 죽은 겁니다. 나름 반듯한 새 황제가 즉위한 진나라, 과연 오래갈까요? 안타깝지만 그러기엔 전국적 반란의 규모가 너무 걷잡을 수 없이 커진 상태였어요.

영웅: 천하의 시작
英雄, Hero

개봉	2003
장르	액션, 드라마, 전쟁, 판타지
감독	장이머우

영정의 야심을 막아라!

춘추전국시대 가운데서도 진정한 난장판, 전국시대. 대륙의 패권을 놓고 싸웠던 7개의 나라, 이른바 '전국 7웅'. 그중에서도 법(法)으로 나라를 통치하며 가장 강력한 국력으로 나머지 6개국을 무너뜨리며 통일을 눈앞에 둔 영정. 맞다, 나중에 진시황이 되는 바로 그 영정. 그런 영정의 야심을 꺾으려는 자들이 있었다. 바로 세 명의 자객 은모장천(견자단 분)과 파검(양조위 분), 비설(장만옥 분)이 바로 그 자객들. 영정은 이들을 잡기 위해 현상금을 내건다. 그리고 자신의 근처 백 보 안에 접근 금지령을 내린다. 하지만 그 백 보 금지령을 뚫고 무명(이연걸 분)이란 자가 영정 바로 앞까지 다가서는데!

맞다! 이 영화는 진시황의 전국 통일과정과 그 진시황을 막으려 했던 실존 인물 형가를 모티브로 만든 스토리다. 형가도 진시황 암살에 실패하고 영화 속 무명도 암살에 실패한다. 다만 실화에선 형가가 진시황에게 저주를 퍼붓고 죽지만 영화에선 무명이 진시황에게 "이왕 이렇게 된 것, 통일 중국을 잘 다스리시오"란 따뜻한(?) 말을 하고 죽는다. 중화인민공화국 통합이란 메시지를 중국 인민들에게 주려는 목적의 정치적 영화, 역사 왜곡의 비판을 받는 부분이다.

조조

관도대전

조조는 벌판에서 언제 죽을지 모를 공포에 벌벌 떨고 있던 어린 황제를 자기의 거점 도시인 허창(許昌)이란 곳으로 '모셔' 옵니다. 그리고 승부수를 던져요. 당시 조조 입장에선 천하를 자기 것으로 만들려면 가장 먼저 제거해야 할 대상은 '원소'였습니다. 결국 두 '영웅'은 지금 중국 산동성 제남(濟南)에서 서쪽으로 조금 떨어진 관도(官渡)라는 곳에서 격돌합니다. 서기 200년의 일이었는데 삼국지에 등장하는 바로 그 '관도대전'이란 전투였어요.

3장

역사 속 초한지,
그리고 삼국지

BC 206 - AD 280

한나라부터 진나라까지

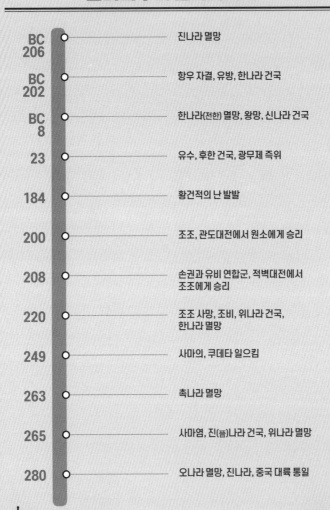

BC 206	진나라 멸망
BC 202	항우 자결, 유방, 한나라 건국
BC 8	한나라(전한) 멸망, 왕망, 신나라 건국
23	유수, 후한 건국, 광무제 즉위
184	황건적의 난 발발
200	조조, 관도대전에서 원소에게 승리
208	손권과 유비 연합군, 적벽대전에서 조조에게 승리
220	조조 사망, 조비, 위나라 건국, 한나라 멸망
249	사마의, 쿠데타 일으킴
263	촉나라 멸망
265	사마염, 진(晉)나라 건국, 위나라 멸망
280	오나라 멸망, 진나라, 중국 대륙 통일

초한지와
항우, 유방의 대결

기억나세요? 진시황이 전국을 통일하기 전 최대 라이벌 초나라와 일전을 벌일 때 '백전노장' 왕전(王翦)을 보내 초나라군을 박살 냈다고 앞부분에서 읽으셨지요? 그때 말씀드렸잖아요. 진시황이 멋도 모르고 젊은 장수를 보내 초나라와 싸우게 하다 군사 다 잃고 나서 '아, 경험 많은 백전노장의 말을 무시하면 X 되는구나'란 삶의 교훈을 얻었다는 부분이요. 그때 진나라의 왕전에게 박살이 나 결국 초나라가 멸망하게 된 그때의 초나라 장수가 항연(項燕)이란 사람이었는데 진나라에 패배한 것이 너무나도 억울해서 스스로 목숨까지 끊었답니다.

초나라가 진시황에게 망한 후 항연의 후손들은 조용하게 살았어요. 왜? 진시황 밑에서 '망한 옛 나라의 귀족'이 튀면 죽을 게 뻔하니까요. 항연 장군의 아들이었던 항량(項梁)도 진시황 통치하에서 숨죽이며 살고 있

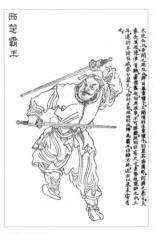

초나라의 항우   한나라의 유방

었답니다. 그리고 그 항량은 일찍 죽은 자기 동생 아들, 즉 조카 한 명을 키우며 살고 있었는데 그 조카가 바로 항우(項羽)랍니다. 곧 등장할 유방(劉邦)과 함께 무너지는 진나라 다음 중국 대륙의 주인 자리를 놓고 치고 받고 싸우는 인물이랍니다. 두 사람 간의 이 싸움이 후대에 '초한지(楚漢志)'라고 불렀답니다. 왜? 항우가 '다시' 세운 초나라와 유방이 '새로' 건국한 한나라의 대결을 그렸기 때문이지요.

　망한 초나라 귀족 출신 항량과 그 조카 항우는 진승과 오광의 난이 일어났다는 소식을 듣고 "기회가 왔다. 우리 초나라를 다시 세우자"란 결심을 하고 바로 행동에 들어갑니다. 하기야 항량의 아버지가 누굽니까? 비록 진나라에 지고 스스로 목숨을 끊었지만 초나라 최고 사령관 겸 명장이었던 항연 아니겠습니까? 옛 초나라 최고 사령관 아들과 손자가 군사를 일으켰다는 소식을 들은 백성들은 너도나도 항량과 항우 밑으로 들어왔어요. "못살겠다, 갈아보자!"였지요. 처음에 8,000명의 군사로 시작한 항량, 항우의 혁명군은 어느새 10만 대군으로 그 수가 불어났어요. 그리고 진나라의 수도인 함양으로 진군을 시작합니다.

자, 그럼 유방은 어디서 등장을 하느냐. 유방은 귀족도 아닌 그냥 평범한 평민 출신이었어요. 그런데 진시황릉 토목공사에 강제로 끌려가게 되었답니다. 그러다가 갑자기 폭우가 쏟아져 가는 길이 끊겨버린 겁니다. 아시죠? 기한에 맞춰 공사 현장에 도착 못하면 죽는 거요. 유방은 고민에 빠져요. 진승과 오광의 고민과 똑같았어요. '늦게 도착해 죽느니 차라리 한번 봉기라도 일으키고 죽을까'란 고민이요. 그리고 바로 실행에 옮겨요. 다행히 유방과 같은 생각을 하던 일반 백성들도 많았어요. 유방이 그처음 테이프를 끊은 것이죠. 유방이란 사람이 군사를 일으켰단 소문을 들은 백성들은 너도나도 유방 밑으로 들어갑니다.

항우와 유방, 거의 동시에 혁명을 시작했지만 그 사이즈가 달랐어요. 일단 항우의 혁명군은 거의 정규군에 가까운 군대고 수도 10만 명이 넘었어요. 하지만 '토목공사 탈주범' 유방이 시작한 혁명군은 3,000명 정도밖에 안 되었답니다. 거기에 항우는 전쟁에서 그 중요한 '명분'까지 가지고 있었어요. 자기 할아버지 항연은 대장군이었지만 왕족은 아니었잖아요. 그 말은 항량과 항우가 아무리 혁명을 일으켰다곤 해도 자기들이 왕이 될 수는 없다는 거였어요. 그래서 망한 초나라 왕족 중 어린 꼬마 하나(망한 초나라 마지막 왕의 먼 손자뻘)를 데려와 '다시 세운 초나라'의 왕으로 앉혀요. 예, 맞아요. 허수아비 초나라 왕이었어요. 하여간 항우 쪽 그림은 좋았답니다. 일단 초나라의 왕이 다시 복귀했고 그 밑으로 초나라 마지막 대장군 항연의 아들, 손자가 군사를 이끌고 있으니까요.

일단 중국 대륙의 대세는 '새롭게 다시 태어난 초나라'였습니다. "타도! 진나라!"를 외치던 혁명 세력은 너도나도 항량과 항우 밑으로 들어가던 상황이었답니다. 당시 유방도 상당한 군사를 모은 상태였지만 독자적으로 행동하지 않고 '대세'인 항우 밑으로 들어가기로 합니다. 진나라를 무너뜨리기 위해 한 명의 군사라도 아쉬운 항우는 대군을 이끌고 자기 진영에 들어온 유방을 열렬히 환영해요. 나중에 둘이 천하를 놓고 피 튀기는 혈투를 벌일 줄 그때는 몰랐겠지요.

항우와 유방은 스타일이 아주 많이 달랐어요. 항우는 남의 말을 듣지 않고 자기 마음대로 결정을 내리는 독불장군이었던 반면, 유방은 일단 인복이 많았어요. 주위에 여러 명의 '브레인'들이 있어 조언을 해주었고 유방은 그 조언을 귀담아 들으며 따랐답니다. 여러분이 직장인이라면 누구 밑에서 일하고 싶겠어요? 당연히 유방이겠지요. 혁명군 사이에서도 "같은 군대지만 항우 밑에서 고생하는 것보다 유방 밑에서 편하게 군 생활 하고 싶다"란 말이 돌았답니다.

그러는 와중에 항우의 삼촌, 항량이 진나라와의 전투 중 죽는 일이 발생합니다. 항우는 눈이 돌아갔어요. "아버지와 같은 삼촌의 원수를 갚는다!"라고 외치며 그때부턴 진나라와 조금이라도 관련됐다면 모조리 학살을 해대기 시작합니다. 일례로, 죄 없는 일반 백성들도 "진나라 관리가 다스리는 고을에 살았다"란 이유 하나로 남녀노소 모조리 학살하기 시작했어요.

하여간 그런 중에도 초나라의 혁명군은 서서히 진나라 수도인 함양(지금의 중국 서안) 근처까지 치고 올라갑니다. 여기서 어린 초나라 왕은 항우와 유방에게 제안을 하나 해요. "먼저 함양에 들어간 사람에게 함양 통치권을 주겠다"라고요. 왜 그랬을까? 당시 초나라 왕, 그리고 초나라 지도부는 이렇게 생각했어요. '진나라 수도를 점령하고 진나라를 멸망시키는 엄청난 임무를 누구에게 맡기냐'가 중요했는데요. 고삐 풀린 폭주열차 항우보다는 평판이 좋은 유방에게 맡기는 것이 더 낫다고 생각한 것이죠. 그렇다고 대놓고 "유방 니가 먼저 들어가 함양 점령해"라고 말할 순 없어서 이런 경쟁 레이스를 부추긴 겁니다. 초나라 지도부는 알았어요. 복수심에 불타는 항우는 분명히 함양까지 가는 길에 고을이란 고을을 다 초토화시키고 다 죽이고 갈 것이 뻔하고 유방은 원래 목적인 함양 점령이 중요하니까 바로 초스피드로 함양으로 직진할 것을.

초나라 지도부의 예측대로 유방이 먼저 함양에 입성해요. 그리고 진나라 마지막 왕 자영은 유방에게 항복을 해요. 진시황에 의해 세워진 통일 진나라가 멸망한 순간이었어요. 그리고 유방은 항복한 자영을 극진히 대우해줬답니다. 그리고 함양 백성들에게 "걱정 마세요. 우리가 점령군이지만 절대 여러분을 해치지 않겠습니다. 원래대로 생활하세요"라고요. 당연히 유방의 인기는? 폭발했겠지요.

유방이 함양에 들어오고 한 달 후에 '대살육전'을 펼치며 올라오던 항우도 함양에 도착했어요. 항우는 "뭐야? 그 토목공사장 도주범이 먼저 도착했어? 이 건방진 놈이?"라고 격분을 했답니다. 이 소식이 유방 귀에도 들어갔죠. 유방은 격분한 항우 밑에 바짝 엎드립니다. "제가 먼저 들어온 건 항우 장군께서 정식으로 함양에 들어오셨을 때 좀 편하시라고 미리 준비 작업 좀 한 것입니다"라고 비굴한 변명을 하면서요. 그것도 당연했던 것이 항우군은 정규 훈련을 받은 정예군 40만, 유방군은 오합지졸 10만이었기 때문입니다.

'정식으로' 함양에 들어온 항우는 여전히 복수심에 불타고 있었어요. 먼저 이미 유방에게 항복한 진나라 마지막 왕 자영과 자영의 아들들을 바로 죽여버려요. 불쌍한 자영은 진나라 왕 노릇을 겨우 46일 동안 했답니다. 항우는 그리고 함양의 아방궁 등 진나라의 궁궐들을 모조리 불태워버렸답니다. 아방궁 같은 경우는 그 불길이 무려 3개월이나 갔다고 하지요. 하여간 '내 삼촌 죽인 놈들'이란 복수심에 눈이 돌아간 항우는 진나라 수도 함양을 초토화해버립니다. 진시황이 세운 진나라의 허무한 마지막이었어요. 기원전 206년의 일이었습니다.

이 모든 소식을 들은 초나라 왕과 지도부는 "항우, 저 인간 무서운 인간이다"라고 치를 떨면서 항우에게 명령해요. "원래 명령대로 해라" 즉, 먼저 함양에 들어간 유방에게 함양 관리권을 주라는 것이었지요. 항우로서는 절대 따를 수 없는 명령이었어요. 분노로 입에 거품을 물고 날뛰던 항우 옆에 있던 항우의 브레인 범증(范增)이 항우에게 기가 막힌 아이디어를 하나 알려줘요. 중국 대륙 서남쪽에 있던 '촉(蜀)' 땅을 유방에게 떼어주고 그 동네 이름을 '한(漢)'이라 부르게 하고 유방을 그곳 왕인 '한왕(漢王)'으로 임명해줘서 먹고 떨어지게 만들자는 아이디어였죠.

그 촉(蜀)이란 곳이 지금의 중국 사천성(쓰촨성) 지방인데요. 맞아요, 매운 훠궈로 유명한 바로 그곳이요. 지금이야 교통이 발달해서 쉽게 갈 수 있지만 당시는 거대한 산맥으로 막혀 있어 한번 들어가면 쉽게 못 나오는 지역이었답니다. 범증은 이렇게 생각한 것이죠. '유방을 그 거대한 땅 감옥에 가둬버리고 중원엔 다시는 못 나오게 하자.' 그리고 항우의 '반협박'을 받은 초나라 왕은 유방에게 촉 땅으로 출발하라는 명을 내립니다.

자기를 깡촌으로 쫓아내려는 항우에게 유방은 격분했지만 이런 위기를 전화위복의 기회로 만들어요. "두고 보자. 내가 꼭 이 천하를 얻으리라." 이를 갈면서 촉 땅으로 들어간 유방은 중원에서 촉 땅으로 들어가는 나무다리를 다 부숴버립니다. 맞아요, 당시 촉 땅은 조그만 나무다리 하나로 들어갈 수 있는 오지 중의 오지였습니다. 왜 나무다리를 부쉈냐? 혹시라도 항우가 추격해오는 것도 막고, "난 중원 일에 관심 없다"란 것을 항우에게 보여주기 위함이었답니다. 유방의 예상대로 항우는 안심을 합니다. "유방 저 인간, 시골에서 농사나 지으려나 보다. 하하하!" 하고요.

라이벌 유방을 서쪽 촉 땅에 꽁꽁 가두었다고 생각한 항우는 안심하고 본격적으로 전국 정벌에 나섭니다. 전국 정벌? 이미 진나라를 망하게 한 걸로 다 끝난 거 아닌가요? 예, 아닙니다. 진시황에 의해 멸망했던 나머지 5나라(촉나라 빼고) 후손들이 가만히 있었겠어요? 초나라도 다시 부활한 마당에 "야, 우리도 다시 일어서자! 아자!" 했겠지요. 그런 나라들을 토벌하러 간 겁니다. 특히 초나라 입장에선 동쪽의 제나라(지금의 산동반도)가 가장 위협적인 존재였어요. 항우는 군사를 이끌고 동쪽 제나라를 치러 출발을 했어요.

이때! 촉 땅에서 찌그러져 있을 줄 알았던 유방이 촉 땅으로 들어올 때 박살을 낸 나무다리 말고 또 다른 '비밀 도로' 하나를 알아낸 후 그 길을 통해 바로 군사들을 중원으로 보냅니다. 나쁜 말로 하면 '항우가 비운 빈

집 털이'고 좋은 말로 하면 '절호의 기회'를 잡은 것이죠. 다시 중원으로 나온 유방은 쇼킹한 소식을 듣습니다. 항우가 자기 말을 안 듣는다고 초나라의 불쌍한 어린 왕을 죽여버렸단 겁니다. 이 소식에 격분한 유방은 중국 각 지역의 유지들에게 분노에 찬 편지를 보냅니다. "여러분! 악덕한 진나라를 물리친 초나라의 어린 왕을 탐욕스러운 항우가 죽였습니다! 이는 하늘의 뜻을 거스르는 겁니다! 우리 모두가 뭉쳐 항우를 벌합시다!"란 편지를요.

물론 나중에 초한지 배틀에서 유방이 최종 승자가 된 후에 유방을 과장되게 미화했을 순 있지만 유방의 이런 분노에 찬 편지에 지방의 각 유지들이 "항우, 이건 아니잖아"라며 모두 유방의 밑으로 들어와 유방과 한 팀이 됩니다. 촉 땅으로 억울하게 유배를 갔던 유방, 이제는 무려 56만 대군을 거느린 중국 최고의 군사령관이 됩니다. 바로 이 순간부터 항우 vs 유방의 피 튀기는 3년간의 초한지 배틀이 시작됩니다. 그리고 나중에 중국인들은 이 초한지를 배경으로 '장기'란 게임을 만들어내지요.

아무리 전쟁의 신 항우라고 해도 사방천지에서 밀려드는 적과 맞서 싸우며 점점 지쳐갔어요. 그리고 이미 세상은 항우를 버린 후였습니다. 일단 "자기 왕도 죽인 잔인한 놈"이란 비판을 받았고요. 특히 자기와 맞서 싸우다 진 포로들은 살려달라고 아무리 애원해도 모조리 생매장을 시켜버렸답니다. 생각해보세요. 여러분이 항우와 싸우는 병사라면 어떻게 싸우겠나요? 싸우다 지면 생매장당하는데 젖 먹던 힘까지 다해 악귀같이 죽어라 싸울 것 아닙니까? 그러니 아무리 항우의 군대가 뛰어난 정예군이라고 해도 서서히 밀릴 수밖에 없었어요.

그리고 드디어 기원전 202년, 해하(垓下, 지금의 안휘성 영벽)란 곳에서 항우는 포위를 당합니다. 항우는 사방에서 자기 부대를 포위한 유방의 한나라군이 자기 초나라의 노래를 부르는 것을 보고 '아, 졌구나'란 것을 느낍니다. 이미 초나라 진영에서 탈영해서 한나라 쪽으로 넘어간 병사들이 상당수였거든요. 그걸 증명해준 것이니까요. 얼마 전까지 초나라 병사였다가 지금은 한나라군 쪽으로 넘어가 한나라 진영에서 초나라 노래를 부른 것이니까요. 여기서 나온 고사성어가 바로 '사면초가(四面楚歌)'랍니다. 사방에서 초나라 노래가 들린다는 뜻이죠.

　죽음을 직면한 항우는 자기의 애첩인 우희(虞姬)와 울면서 마지막 술자리를 한 후 직접 사랑하는 여인 우희의 목을 칩니다. 물론 우희가 직접 스스로 목숨을 끊었다는 주장도 있어요. 항우가 사랑하는 여인 우희와 이별하는 이 장면을 그린 스토리가 바로 '패왕별희(霸王別姬)'예요. 항우는 스스로를 '패왕(패권을 쥔 왕)'이라고 불렀거든요. 그 패왕이 '우희와 이별하다'란 뜻이지요. 우리에겐 장국영이 주연을 한 동명의 영화로도 잘 알려진 스토리입니다.

영화 〈패왕별희〉 포스터

　사랑하는 여인을 먼저 떠나보내고 최후의 항전을 하던 항우. 이제 주변엔 겨우 28명의 부하 병사들밖에 남지 않았습니다. 이때 항우는 하늘을 보고 "내가 전쟁을 못해서 진 것이 아니다! 하늘이 나를 천하의 주인으로 인정해주지 않았기 때문에 오늘 내가 여기서 죽는다!"라고 외치며 마지막까지 치열히 싸우다 스스로 목숨을 끊습니다. 세상의 주인이 항우가 아니라 유방이 되는 순간이었어요. 유방은 바로 한(漢)나라를 세우고 중국을 다시 통일합니다. 항우는 남의 말을 절대 듣지 않았고 또 자기에게 덤비면 무조건 다 죽여버렸기 때문에 세상의 민심을 잃었던 반면, 유방은 비록 군사적 지략에선 항우에게 달렸지만 주변 인사들의 조언에 귀를 기울였고 또한 반대의 견도 다 포용을 해주어 세상의 민심을 얻어 결국 중국을 통일하게 된 겁니다. 기원전 202년의 일이었습니다.

겨우 건국한 한(漢)나라, 그러나 계속되는 시련

유방이 초한 경쟁에서 승리하고 한나라를 건국은 했지만 중국 대륙은 이미 개판 아수라장이 된 상태였어요. 생각해보세요. 진시황이 만리장성, 아방궁 등을 만든다고 백성들을 생고생시켰지요. 그렇게 시작된 각종 농민 반란 시리즈, 그리고 그 결과 나라 전체가 양 팀으로 나뉘어 치고받고 싸운 초한대전까지. 국토는 그야말로 초토화 상태였답니다.

기억하시죠? 진시황이 만리장성을 왜 쌓기 시작했는지요? 맞아요, 바로 북쪽의 흉노라는 유목 민족이 무서웠기 때문이었어요. 지금 대부분의 중국사가 중국의 관점에서 쓰였기 때문에 '흉노'란 민족을 단지 '무식한 야만족' 정도로 인식하는데 사실 그렇지 않아요. 천하의 진시황도 두려

움에 떨 정도의 막강한 제국을 건
설했던 민족이랍니다. 그리고 '흉
노(匈奴)'라는 표현 또한 중국인들
이 흉노를 얼마나 무서워했고 또
무시하려고 했는지 알 수 있는 증
거랍니다. '흉노'란 단어는 흉노족
언어로 그냥 '사람'이란 뜻이랍니
다. 그걸 중국 한족들은 어떡해서
든 이미지를 깎아내리려고 '오랑

한나라의 초대 황제, 유방

캐 흉(匈)' 그리고 '노비 노(奴)'를 써서 표현한 겁니다.

중국을 가까스로 통일한 유방도 자기 머리 위의 흉노가 무서웠겠지요.
가뜩이나 지금 나라가 개판인데 언제 갑자기 흉노가 한나라로 쳐들어올
지 모르는 상황이었답니다. 그래서 자기의 측근인 '한왕 신(韓王 信)'이란
인물을 한나라와 흉노 국경 지대로 보냅니다. 가서 흉노가 쳐들어오나
감시하면서 국경 잘 지키라고요. 그런데! 이 한왕 신이란 인간. 자기가
국경에서 직접 본 흉노의 힘은 상상 이상으로 막강했던 겁니다! 한나라
의 군사력은 흉노의 한 주먹거리도 안 된 겁니다. 그래서 이 인간이 뭘 했
는 줄 아세요? 바로 흉노로 투항을 해버려요. 뭐, 자기도 살아야 되니까
요. 기원전 201년의 일이었습니다. 맞아요, 한나라 건국 후 바로 1년 후
일이었습니다.

자기 측근이 흉노에 투항했다는 소식을 들은 유방은 격분합니다. 당연
히 잡으러 갔겠죠. 무려 30만 대군을 이끌고 갔는데 흉노는 그보다 많은

40만 대군을 이끌고 턱 버티고 있는 것 아니겠습니까? 결국 유방은 지금 중국 산시성 대동(大同) 부근의 백등산(白登山)이란 곳에서 포위를 당하고 맙니다. 식량은 점점 떨어져가고 빠져나갈 구멍은 없고 결국 유방은 흉노족 족장의 부인에게 뇌물을 써서 개구멍으로 겨우 탈출을 해 목숨을 부지합니다. 그 이후 한나라는 몇 대에 걸쳐 흉노에게 조공(뇌물) 그리고 여인들을 바치며 흉노를 형님 국가로 모시며 살았어요. 현재 중국인들(한족)은 그때 일을 '백등산의 치욕'이라고 부르면서 치를 떤답니다.

그런데 유방의 시련은 여기서 그치지 않아요. 이번엔 여인들 간의 사랑 싸움에 휩쓸립니다. 유방은 초한지 전투 이전, 즉 백수일 때 여(呂)씨 성을 가진 여인과 결혼을 했답니다. 야사에 따르면 여씨 부인은 원래 돈 깨나 있던 부잣집 딸이었다고 합니다. 그런데 여씨 부인의 아빠가 당시 백수 유방의 관상을 보고 "이 젊은이, 나중에 큰 인물이 될 관상이다!"란 말에 대책 없이 딸을 유방에게 시집보냈다고 해요. 하여간 유방이 항우와 치고받고 싸울 때 나름 내조도 열심히 해주고 처음에는 괜찮은 부부 관계였답니다.

문제는 나라를 통일한 후 유방이 슬슬 다른 여인에게 눈길을 주기 시작한 겁니다! 바로 척부인(戚夫人)이란 후궁에게 마음을 준 겁니다. 그리고 척부인과 사이에서 여의(如意)라는 아들까지 낳아요. 유방이 자기를 사랑한다는 걸 안 척부인은 자기 아들인 여의를 태자, 즉 다음 황제로 만들어달라고 조르기 시작했어요. 문제는 그 모든 걸 유방의 본부인인 여씨 부인이 옆에서 다 지켜보고 있었다는 겁니다. 질투와 분노로 눈에서 레이저를 쏘면서요. 심지어 유방과 여씨 부인 사이에는 이미 태자가 있었어요. 그런데 척부인이란 경쟁자가 튀어 나와서 자기 남자(유방)를 빼앗아 가더니 태자 자리까지 달라고 하니 여씨 부인 기분이 어땠겠습니까?

운명은 여씨 부인 편이었어요. 유방이 후계 문제를 정리 안 하고 일찍 죽어버린 겁니다! 기원전 195년, 한나라를 세운 지 7년 만에 갑자기 죽어버려요. 유방을 꼬드겨 자기가 황후 자리에 앉고 자기 아들을 태자로 만들려던 척부인은? 완전히 새 된 겁니다. 그리고 척부인을 지금까지 부들부들 떨면서 지켜만 보던 여씨 부인이 이제 반격합니다.

먼저 자기 아들, 즉 태자를 유방 다음 황제 자리에 앉혀요. 그 인간이 바로 한나라 2대 혜제(惠帝)랍니다. 그다음엔? 척부인이 유방과 사이에서 낳은 아들, 즉, 자기 아들 자리를 노렸던 여의를 독살시킵니다. 그다음엔? 그렇죠. 자기의 라이벌, 척부인을 아주 잔인한 방법으로 죽여버려요. 바로 '인간 돼지'로 만들어버립니다.

조금 잔인한데 말씀드릴게요. 일단 손발을 다 잘라버립니다. 그리고 눈을 파서 앞을 못 보게 하고 또 귀에 납을 녹여 부어서 소리를 못 듣게 합니다. 또 혀를 뽑아 말을 못하게 만들었어요. 그리고 마지막으로 돼지우리에 던져넣고 주변 사람들이 보게끔 '전시'를 합니다. 맞아요, 여씨 부인은 중국 역사상 최악의 악녀였습니다.

자기의 아들이자 한나라 2대 황제인 혜제에게도 이 인간 돼지를 보여줍니다. 혜제는 보자마자 알았어요. 눈앞에 있는 인간 돼지가 바로 척부인이란 것을! 어머니에게 울부짖습니다. "이건 너무한 것 아닙니까?"라고요. 그리고 서서히 미쳐버립니다. 안 미치는 것이 더 이상하지요. 너무나 큰 충격에 정사를 다 내팽개치고 매일 술에 절어 살기 시작해요. 당연히 나라의 권력은? 맞습니다. 어머니 여씨 부인에게로 갑니다. 실질적인 '여황제'가 된 것이죠. 아들 혜제는 매일 술에 절어 살다 결국 황제가 된지 7년 만에 요절을 해요.

허수아비 바지 황제였던 아들이 죽자 여씨 부인은 본격적인 '국정 장악'에 나섭니다. '여씨 성'을 가진 자기 친정 식구들을 나라의 요직에 다 낙하산으로 앉혀버린 겁니다. 이렇게 여씨 부인은 실질적인 여황제로 한나라를 무려 15년 동안이나 통치했어요. 무덤에 들어간 유방이 알았다면 땅을 치고 통탄했을 일이죠. "내가 저 여자랑 왜 결혼을 했을까" 하면서요. 하여간 여씨 부인도 사람이니까 죽을 때가 왔겠지요. 기원전 180년, 여씨 부인이 죽습니다. 죽기 전에도 자기 여씨가 권력을 끝까지 잡기를 원했는데요. 마지막 유언은 이랬습니다. 여씨들 다 모아놓고 "내 장례식은 초라하게 해도 좋으니까 유씨(유방의 친인척)들이 다시 권력을 잡지 못하도록 철저히 막아라. 꼴까닥"이라고 했대요.

여씨 부인이 죽기만을 기다렸던 유방의 친인척, 즉 유씨들은 여씨가 죽자마자 바로 반격에 나섭니다. 그리고 궁에서 여씨 일가를 다 몰아낸 후 유방의 아들 중 하나인 유항(劉恒)을 새로운 황제 자리에 앉힙니다. 이 황제가 한나라 3대 황제인 문제(文帝)입니다. 건국하자마자 망할 뻔했던 한나라가 겨우 다시 본궤도로 돌아온 순간이었죠. 기원전 180년의 일이었습니다.

흉노를 박살 내고 실크로드를 개척한 한무제(漢武帝)

여씨 부인이 '신생 국가' 한나라를 거덜내려는 위기를 잘 극복한 유씨의 후손들. 그 이후에 농민들의 세금을 깎아주고 법치를 강화해서 나라를 안정 궤도에 올려놔요. 나라를 잘 다스렸어요. 그런 순풍을 탄 한나라에 한무제(漢武帝)란 황제가 기원전 141년에 새로운 황제로 자리에 오릅니다. 한무제에겐 한 가지 확실한 목표가 있었어요. 바로 "건국 때부터 한나라를 위협하던 흉노를 확실하게 응징하자! 타도! 흉노!"란 목표가 있었답니다.

무제(한나라 황제니까 '한'이란 표현은 이제 생략하겠습니다)는 머리가 아주 좋은 황제였답니다. 전쟁에서 가장 중요한 것은 바로 '정보와 협공'이란 것을 알았어요. 무제가 알아보니 마침 흉노의 서쪽에 '월지(月氏)'라는 또 다른 유목 민족 국가가 있는데 흉노와의 전투에서 완전 박살이 났답니다. 월지의 왕은 흉노에게 잡혀 목이 잘렸다고 하는데 흉노의 왕은 그 월지의 왕 두개골을 술잔으로 썼다고 해요. 월지는 당연히 흉노라고 하면 이를 갈았겠지요. 무제는 이 첩보를 듣고 '오케이, 월지랑 같이 손잡고 흉노를 동시에 공격하는 거다. 아래위에서 샌드위치로 공격해버리면 흉노도 어쩔 수 없을 것이다'라고 생각했어요.

그런데 말입니다. 한나라에서 월지까지 연락할 방법이 없었어요. 지금처럼 전화가 있었던 것도 아니고요. 직접 사람을 월지까지 보내야 하는

데 그러면 중간에 흉노 땅도 지나가야 했거든요. 여러분 같으면 가겠어요? 당연히 안 가죠. 죽을 수 있는데. 그때 장동건이 아니라 장건(張騫)이란 인물이 무제 앞에 나왔어요. "폐하, 제가 목숨 걸고 월지에 가서 동맹을 맺고 오겠습니다"라는 기특한 말까지 했지요. 감동받은 무제는 100명의 호위 무사를 내주고 빨리 월지에 가서 협상을 하고 오라고 지시를 내렸답니다.

그리하여 기원전 139년, 장건은 한나라를 떠나 월지로 향하는데 문제는 장건도 월지가 정확하게 어디 있는지 모르고 떠났다는 겁니다! "서쪽으로 가다 보면 나오겠지"라는 참으로 긍정적인 자세로 출발한 겁니다. 일단 흉노의 땅을 지나야 하는데 불안한 예감은 어찌 그리 현실이 되는지. 장건 일행은 흉노에게 바로 붙잡혀요. 그리고 흉노 땅에서 무려 10년 동안 포로 생활을 해요. 그 와중에 흉노 여인과 결혼도 하고 자녀까지 낳고 가정을 꾸립니다. 흉노를 철저히 속인 거죠. "나 이제 완전 흉노 사람이다. 도망 안 간다"라고요. 그리고 실제로 흉노는 경계를 품니다. 그때를 이용해서 장건은 흉노 땅을 탈출해버립니다! "난 한나라의 신하다! 황제가 내린 임무를 끝까지 수행해야 한다!"라고요. 나, 참. 흉노 땅에 버려진 부인과 자녀는 무슨 죄랍니까?

천신만고 끝에 장건은 월지에 도착해요. 그런데 월지의 왕은 이미 흉노에 대한 원한이 다 풀린 상태였어요. 10년이면 강산도 변하니까요. 게다가 월지는 더욱 서쪽으로 나라를 이동시킨 상태였거든요. 유목 민족이니까 가능해요. 그런데 이사를 한 땅이 참으로 비옥한 겁니다. 굳이 골치 아프게 전쟁 따위를 할 필요가 없는 겁니다. 엄청나게 실망을 한 장건. 다시 빈손으로 한나라로 향해요. 그런데! 돌아가던 길에 다시 흉노에게 포로로 잡힌 겁니다! 그렇게 1년 동안 또 흉노 땅에서 억류 생활을 해요. 정확한 역사 자료는 안 남아 있지만 그때 버리고 간 흉노 부인에게 엄청 두들겨 맞지 않았나, 추측해봅니다.

그렇게 절망의 나날을 보내던 장건. 마침 흉노 내부 권력 다툼으로 치안 공백이 생기자 그 틈을 타 또 흉노를 탈출해요. 정말 쇼생크 탈출은 명함도 못 내밀 대탈출의 서사시입니다. 그리고 드디어 기원전 126년 장건은 꿈에 그리던 한나라로 돌아왔어요. 무려 13년 만의 귀환이었습니다. 그러곤 바로 무제 황제에게 달려갔어요. 귀환 보고를 하려고요. 아마 무제도 처음엔 못 알아봤을 걸요. "누구… 시더라?"라고요. 13년 만에 돌아왔으니까요.

결과적으로 13년 동안 중앙아시아와 초원 지역을 누비고 다닌 장건의 정보는 무제에게 엄청난 가치가 있었어요. 어느 길로 가니까 어떤 동네가 나오고 어디에 호수가 있고 어디에 사막이 있는지 머릿속에 그린 지도와 정보를 모두 무제에게 털어놨으니까요. 무제는 자신이 생겼습니다. 굳이 월지 따위의 도움을 안 받아도 흉노를 박살 낼 수 있다는 결론을 내려요. 그리곤 곽거병(霍去病)이란 젊고 유능한 장수에게 명을 내립니다. "흉노를 박살 내라." 곽거병은 한나라의 대군을 이끌고 무서운 기세로 흉노 진영으로 쳐들어갑니다. 그냥 쳐들어간 정도가 아니라 군대를 이끌고 몽골 초원을 지나 지금의 시베리아까지 쳐들어갔어요. 심지어 바이칼 호수까지 도주하는 흉노를 추격해 갔을 정도로 '미친 용맹'이었습니다.

곽거병의 활약으로 기원전 119년, 한나라는 드디어 흉노를 박살 냅니다. 완전 멸망을 시키진 않았고 다시 여러 개의 조그만 부족들로 쪼개버립니다. 다시는 합쳐서 힘을 쓸 수 없게 말이죠. 한나라를 세운 유방이 '백등산의 치욕'을 당한 것의 완벽한 복수였어요.

그리고 흉노라는 거대한 '장애물'을 없앤 무제의 눈에 서아시아, 중앙아시아로 뚫린 고속도로가 보인 겁니다. 바로 장건이 알려준 '지리 정보'를 이용해 슬슬 서쪽의 세계와도 교역을 하기 시작해요. 맞습니다. 우리에게 '실크로드'로 알려진 중국과 중동, 그리고 유럽 간의 교역로의 시작이 바로 이때였습니다.

한무제는 우리나라 역사에도 꽤 영향을 미쳤어요. 흉노를 물리친 후 '필' 받은 무제는 남쪽으로 북쪽으로 여러 정복 전쟁을 벌였거든요. 남쪽으론 지금의 베트남을 침공해 한나라 땅으로 만들었고(그래서 베트남에서는 한무제에 대한 평가가 그리 좋지 않아요), 그리고 북쪽으로 침공해 들어와 기원전 108년에 고조선을 멸망시켰어요. 예, 맞아요. 고조선을 멸망시킨 후 역사 속으로 사라지게 만든 중국 황제가 바로 한나라 무제였습니다.

중국 역사의 아버지, 사마천(司馬遷) 등장하다

영국인들이 가장 중요하게 생각하는 작품은 셰익스피어의 작품이라고 하지요. 중국인들이 가장 중요시하는 작품은 뭘까요? 중국인들은 이런 말을 합니다. "한 손엔 《삼국지(三國志)》, 그리고 또 한 손엔 《사기

(史記)》"라고요. 그 두 권만 다 읽으면 세상을 호령할 수 있다고 하지요.《삼국지》는 우리가 다 아는 작품이고 나머지《사기》는? '사기 치다' 할 때 그 사기 아닙니다. 사기(史記), 말 그대로 '역사의 기록'이란 뜻이죠. 중국 최고의 역사서랍니다. 이 역사서는 바로 '사마천(司馬遷)'이란 사람이 썼는데

《사기(史記)》를 쓴 사마천

바로 한나라 무제 때 인물이랍니다.

참으로 다이내믹한 삶을 산 사람이었어요. 일단 무제 때 벼슬을 했어요. 황제에게 천문, 역사에 대한 조언을 해주며 봉급을 받아갔답니다. 그런데 무제가 한창 흉노를 정벌할 때 어떤 일이 발생해요. 한나라 장수 중 이릉(李陵)이란 사람이 있었는데 흉노와 치열한 전투를 벌이다가 그만 전투에서 지고 흉노에 항복해버리는 일이 생겼어요. 한나라 신하 대부분은 "장수가 항복하다니! 돌아오면 크게 벌하소서!"라고 주장을 했어요. 그런데 유일하게 이릉 장군을 변호해준 사람이 있으니 그가 바로 사마천이었습니다. "나라를 위해 목숨 바쳐 싸우다가 단 한 번 실수를 했다고 바로 처벌을 하면 누가 나라를 위해 싸우겠습니까?"란 주장이었죠. 흉노 정벌에 올인을 하고 있던 무제, 이런 사마천의 주장에 격분을 해요. 그리고 처형해버리라고 해요. 말도 안 되지만 어쩌겠어요. 황제가 그러라고 하는데. 당시 사형을 면하려면 두 가지 방법이 있었습니다. 엄청난 벌금을 내든지 아니면 남자의 생식기를 제거하는 궁형(宮刑)을 받든지. 집안에 돈

이 별로 없던 사마천은 궁형을 받아요.

"아니, 죽는 것보다 훨씬 낫지 않냐?" 할 수가 없어요. 당시 남자가 생식기 없이 산다는 건 차라리 죽는 것이 더 낫다고 할 정도의 치욕이었거든요. 비굴하게 살아남은 자기 자신이 미웠던 사마천. 그때부터 '인간이란 무엇인가, 역사란 무엇인가'란 철학적 질문을 스스로 던지면서 집 안에 틀어박혀 역사서를 쓰기 시작했어요. '삼황오제'부터 지금의 한나라 무제까지 무려 3,000년의 역사를 약 14년에 걸쳐 총정리를 했답니다. 그것이 총 130권으로 구성된 중국 최고(最古), 아니 전 세계 최고의 역사서인 《사기(史記)》랍니다. 이 책의 지금까지의 내용들, 즉 진시황 등의 이야기도 대부분 사마천의 《사기》에서 인용한 것이랍니다. 한무제 때 참 많은 일들이 있었어요.

한나라, 갑자기 망하다!

한무제 이후에 그럭저럭 잘 유지되던 한나라. 기원전 48년, 제11대 황제 자리에 오른 '원제(元帝)' 때부터 나라에 위기가 찾아오기 시작했어요. 일단 원제를 얘기할 때 왕소군(王昭君)이란 이름의 미녀를 빼놓을 수가 없어요. 이른바 '중국 4대 미녀' 중 한 명인데요. 왕소군은 원제의 무려 3,000명의 궁녀 중 한 명이었답니다.

기억하시죠? 한나라는 유방 때부터 북방 유목 민족인 흉노에게 매년 조공(뇌물)을 바치고 또 한나라 여인들까지 바쳤다는 걸요? 원제 때도 마찬가지였어요. 당시 흉노족의 추장이었던 '호한야'란 인물이 또 한나라에 "어이, 나 결혼 좀 해야겠는데 한나라 여인 좀 보내줘"라고 요구한 겁니다. 원제는 골치가 아팠어요. "아이고, 이번엔 또 어떤 여인을 보내야 하나"라

중국 4대 미인 중 한나라의 왕소군

고요. 그래서 궁중 화가에게 '여인 카탈로그'를 가져오라고 해요. 뭐요? 여인 카탈로그라고요?

궁녀가 무려 3,000명이나 되는데 황제가 얼굴을 다 기억하겠어요? 그래서 원제는 궁중 화가였던 모연수(毛延壽)란 사람에게 궁녀들 얼굴을 그림으로 그리라고 명령했어요. 그러고는 밤에 잠자리에 들기 전, 그 얼굴 카탈로그를 보고 "오늘은 이 여인과 잠자리를 하겠어"라고 그림을 고르면 해당 궁녀가 황제의 시중을 드는, 뭐 그런 시스템이었습니다.

생각해보세요. 궁녀들은 이 모연수라는 화가에게 뇌물을 줬겠죠. 왜? 자기 얼굴 이쁘게 '뽀샵'해달라고요. 그래야 황제에게 선택될 확률이 더 높아지니까요. 그런데 왕소군은 돈이 없었습니다. 그래서 모연수에게 뇌물을 못 줘요. 이에 삐진 모연수는 왕소군의 얼굴을 실물보다 못생기게 그려버립니다. 그런데 이때 원제가 그 카탈로그를 가져오라고 한 겁니다. 자기 시중들 여인을 뽑기 위해서가 아니라 흉노에게 보낼 '못생긴 여인'을 뽑기 위해서요.

카탈로그를 넘겨보던 원제. 당연히 '못생기게 그려진' 왕소군을 선택해요. '그래, 이 못생긴 여인을 보내자. 어차피 여인을 보낸다고 했지 예쁜 여인을 보낸다는 조건은 없으니까'라고 생각했어요. 한나라엔 이미 흉노의 사신이 온 상태였습니다. 한나라 여인을 데려가려고요. 그런데 원제 눈앞에 나타난 여인은 절세미인이었던 겁니다! 원제는 기겁을 했습니다. 눈앞에 자기 이상형인 여인이 서 있었기 때문에! 이제 그 여인은 흉노 땅으로 가야 합니다. 흉노 사신은 나름 감동을 받았습니다. '한나라가 우리 흉노를 이 정도로 생각해주는구나'라고요. 왕소군이 흉노 땅으로 간 후 궁중 화가 모연수는? 격분한 원제에 의해 처형당하고 맙니다. 뇌물은 줘서도 안 되고 받아서도 안 됩니다.

왕소군이 흉노로 떠난 후 원제도 세상을 뜹니다. 왕소군 때문에 죽은 건 아니고 그냥 자연사했어요. 이런 원제 뒤를 이은 건 기원전 33년에 황제가 된 그의 아들 성제(成帝)였어요. 그런데 이 인간. 거의 연산군급으로 매일 밤 "너와 나 단 둘이서 파티, 파티"였어요. 국정을 완전히 내팽개치고 매일 밤 주색에 빠져 살았답니다. 그러면 나라의 통치는? 바로 자기의 어머니이자 죽은 원제의 부인 '황후 왕씨'가 주물렀어요. 이 왕씨 부인은 "이 맛이 바로 권력의 맛이야"라며 나라를 자기 것으로 만들었답니다.

같은 왕씨 친인척을 깡그리 다 궁 안으로 불러들여 높은 자리 하나씩 줘요. 한나라 조정은 거의 '왕씨 천하'가 되어버립니다. 그렇게 궁으로 들어간 왕씨 중에 '왕망(王莽)'이란 인간도 있었어요. 일찍이 아버지가 죽고 홀어머니랑 어렵게 살던 사람이었는데 죽은 아버지가 지금 실권자 왕씨 부인의 남동생이었어요. 그럼 왕망은? 그렇죠. 왕씨 부인의 조카가 되는 것이죠. 홀어미랑 어렵게 살던 왕망이 불쌍했던 왕씨 부인은 왕망과 그의 어미를 궁 안으로 불러들입니다. 이것이 한나라 멸망의 시작이었던 걸 아무도 몰랐을 겁니다.

왕망은 궁에 들어와 철저히 '낮은 자세'로 살아갑니다. 절대로 사치를 부리지도 않고 왕씨라고 거들먹거리지도 않았어요. 심지어 이런 일도 있었어요. 하루는 왕망의 어머니가 병에 걸렸는데 당연히 황실 관리들이 병문안을 왔겠지요. 이때 왕망의 부인이 마중을 나갔는데 옷을 너무 허름하게 입고 있어서 관리들은 처음에 하녀인 줄 착각했다고 해요. 한번은 자기 아들이 노비를 때려죽인 일이 있었어요. 당연히 노비는 '재산'이기 때문에 아들은 처벌 대상이 아니었습니다. 그러나 왕망은 "모범이 되어야 할 인간이 사람을 죽이다니!"라고 격노한 후 아들에게 자결을 명합니다.

왕망은 정말 어질고 착한 사람이라 이런 행동을 했을까요? 아닙니다. 철저히 발톱을 숨긴 겁니다. 권력을 잡는 순간까지 자기 본색을 숨기고 주변 사람들을 방심하게 만든 겁니다. 같은 왕씨 삼촌들이 아플 때는 밤을 새워가며 그 옆에서 병수발을 들고, 또 '도리'를 지키기 위해 자기 친아들까지 죽였다는 소문이 퍼지면서 "그래, 이 나라는 왕망 같은 인재가 필요해"라는 공감대가 생겼어요. 결국 한나라 황실은 왕망에게 대사마(大司馬)란 직책까지 주는데 지금의 국방부 장관과 같은 위치였어요. 처음에는 그 자리를 극구 거절을 하다 어쩔 수 없이 받아들이는 '쇼'까지 했답니다.

그러는 사이 한나라 성제가 요절을 하고 그다음 황제 애제(哀帝)도 황제가 된 지 7년 만에 요절을 해요. 물론 그런 정치적 혼란 가운데 왕망은 슬슬 황실 권력을 알차게 차근차근 챙겼죠. 그러다가 평제(平帝)라는 9살짜리 어린애가 황제 자리에 오릅니다. 기원전 1년의 일이었어요. 맞아요, 예수님 태어나시기 1년 전이었답니다. 하여간 어리바리한 어린애가 황제 자리에 오르자 왕망은 그동안 숨겨왔던 발톱을 드러냅니다.

가장 먼저 한 일은 평제 황제 제거였어요. 어린 황제는 아직 정치적으로 어리숙했어요. 불만을 그대로 드러낸 것이죠. "아니, 내가 황제인데 왜 왕망이란 자가 이래라 저래라야?"란 불만을 대놓고 한 겁니다. 왕망은 그래서? 맞아요, 평제를 바로 독살해버립니다. 그리고 황제의 장례식에서 그 누구보다도 슬피 울어요. 황제까지 독살해버리는 무시무시한 왕망을 그 누구도 말릴 수 없었어요. 원래 정치는 눈치거든요. 누가 실권자인지 파악하는 것이 바로 정치랍니다. 일단 다음 황제를 찾아야 하잖아요. 왕망은 일단 자기를 '가황제(假皇帝)' 즉, '임시 황제'로 셀프 즉위시킵니다. 일단 명분은 다음 황제가 정해질 때까지 자기가 임시로 나라를 다스리겠다는 것이었죠.

하지만 왕망은 가황제에 만족하지 않았어요. 그냥 자기가 진짜 황제가 되기로 결심합니다. 물론 이런 왕망의 결정에 토 달 정도로 간 큰 인간은 주변에 없었고요. 결정적으로 한나라의 군대를 왕망이 꽉 잡고 있었거든요. 앞에서 말씀드렸잖아요. 왕망이 한나라의 국방장관으로 고위 관직을 시작했다고요. 그래서 서기 8년, 자기가 아예 황제 자리에 오릅니다. 저, 멀리 팔레스타인에서 예수님이 어린 시절을 보내고 있을 때였지요. 그리고 나라 이름을 신(新)이라고 바꿉니다. 그 말은? 맞아요, 유방이 세운 유씨의 나라 한나라가 공식적으로 멸망했다는 겁니다. 이렇게 한나라는 일단 서기 8년에 공식적으로 한 번 망합니다. 나중에 한나라는 다시 부활하는데 그 한나라와 구별하기 위해 지금 왕망에 의해 망한 한나라를 앞의 한나라라고 해서 전한(前漢), 그리고 나중에 부활하는 한나라를 후한(後漢)이라고 부릅니다.

겨우 15년 유지한 왕망의 신나라

새로운 나라 신나라를 세우고 황제가 된 왕망. 이제 본격적으로 폭정을 시작해요. 그런데 조금 이상한 폭정을 합니다. 일반적으로 폭군이라고 하면 국정은 다 내팽개치고 매일 밤 파티를 하잖아요. 연산군같이요. 그런데 왕망은 조금, 아니 아주 많이 달랐어요. 자기 스스로를 '이상적인 도덕적 지도자'라고 착각을 하며 신나라를 '도덕적으로 완벽한 나라'로 만들려고 합니다. 알고 보니 정치적 야망에 찬 인간이 아니라 그냥 '정신 나간 싸이코'였어요.

먼저 나라의 땅은 일반 개인이 가질 수 없고 모든 땅은 다 공정하게 "국가가 소유한다"라고 선언을 합니다. 그러면서 지주들의 땅을 전부 몰수해버립니다. 여기서부터 조짐이 슬슬 좋지가 않죠. 여러분이 땅 주인인데 갑자기 나라에서 사람이 와 토지 문서를 확 빼앗아가면 "아이고, 여기 있습니다"라고 순순히 땅을 포기할까요? 어림없죠. 당연히 반발하죠. 극

단적인 경우 무력을 써서라도요. 그런데 신나라에서 반발? 반발하면 다 죽여버렸습니다. 아주 잔인한 방법으로요. 왕손경(王孫慶)이라고 왕망에게 대든 사람이 있었는데 살아 있는 상태로 해부를 해버립니다.

그리고 국가에서 생산되는 모든 생산품을 다 국유화해버립니다. 자기 딴에는 그렇게 국유화를 한 후, '공정하게 다시 분배'해주면 이상적인 사회가 만들어질 것이라 착각한 것이죠. 그리고 물가를 나라에서 정해버려요. 그것도 아주 낮게요. 원래 만 원에 팔리던 사과를 100원으로 일방적으로 깎아버린 겁니다. 자기 딴엔 그래야 백성들이 좋아할 것이라 착각한 것이죠. 그런 마인드로 경제 수업 수강하면 바로 F학점 예약입니다. 만 원 받아야 하는데 강제로 100원만 가져가다 보니 상인도 망하고 농민들도 세트로 망해버렸던 겁니다. 또 화폐 개혁을 한답시고 조사도 안 해보고 화폐 단위를 바꿔버려요. 예를 들어 1원짜리 동전을 하루아침에 1만 원을 만들어버린 겁니다. 당연히 시장에서 돈의 가치는 전문 용어로 '똥값'이 되었어요. 시장은 혼란에 빠지고 "왕망이 미쳤다"란 말이 돌기 시작합니다.

결정적으로 왕망은 전쟁광이었습니다. 중국 한족만이 우수한 민족으로 주변의 오랑캐들은 다 무력으로 다스려야 한다는 미친 사고방식을 가지고 있었어요. 한나라 때 조공과 여인들을 바쳐가며 겨우 평화 상태를 유지했던 흉노와 기어코 전쟁을 벌이기 시작했어요. 무려 30만 대군을 이끌고 전쟁을 시작했답니다. 물론 전투에서 비겼지만 거의 모든 병력을 다 이끌고 간 신나라는 내부적으로 큰 피해를 입어요. 무리한 전쟁이었기 때문이지요. 우리 고구려에도 시비를 걸었답니다. 오랑캐 주제에 고(高)

구려란 명칭이 마음에 안 든다고 하(下)구려라고 불렀어요. 그리고 장건이 흉노족 부인에게 두들겨 맞으면서까지 10여 년 걸려 뚫은 실크로드와 중앙아시아의 '친구 국가'들에 시비를 걸고 크고 작은 전투를 벌여요.

당연히 이런 미친 짓을 하니 "안 되겠다. 끌어내리자"란 분위기가 형성됐답니다. 신나라 여기저기에서 농민 반란이 일어났고 특히 '왕망에게 땅을 빼앗긴' 한나라의 유씨 귀족들이 들고 일어났어요. 전국적으로요. 대세는 "왕망은 이제 끝났다"였습니다. 당황한 왕망은 "신에게 기도를 하면 우리는 이길 수 있다"라며 무려 3,000명의 '기도발' 좋은 도사들을 동원해 하늘에 기도를 하는 등 최후의 발악을 했지만 결국 한나라 유씨의 후손인 유수(劉秀)가 이끄는 혁명군에 의해 황제 자리에서 끌려 내려옵니다. 사실, 황제 자리에서 끌려 내려오기 전에 왕망은 황궁 안에서 자기 부하의 칼에 목숨을 잃습니다. 서기 23년의 일이었어요. 이렇게 건국 15년 만에 신나라는 역사 속으로 사라집니다. 중국 역사상 가장 짧은 왕조였어요. 단 한 명의 황제, 겨우 15년 유지.

다시 시작된 한나라, 후한(後漢)… 그러다 또 망하다

왕망의 신나라를 무너뜨린 유수. 그는 대단한 인물이었어요. 단 3,000명의 병사로 무려 42만 명에 달하는 왕망의 군대를 단번에 무찌른 엄청난 사람이었습니다. 물론 중국 특유(?)의 과장은 있겠지만 극소수의

후한의 초대 황제, 광무제

병사로 수십만의 군대를 무찌른 건 확실해요. 그만큼 왕망의 신나라 군대는 오합지졸이었던 것이죠. 유수는 신나라를 멸망시킨 후 유방의 사당을 다시 만듭니다. 바로 자신이 한나라의 정통 후손이고 다시 부활하는 새로운 한나라의 황제라는 것을 천하에 알린 것이죠. 이 나라를 역사에서는 '뒤에 다시 태어난 한나라'라고 해서 후한(後漢)이라고 부릅니다. 유수는 후한의 초대 황제가 됩니다. 바로 그가 후한의 광무제(光武帝)입니다. 서기 25년의 일이었습니다.

가까스로 다시 부활한 후한의 황실은 외척, 즉 황제의 외가 친인척을 극도로 경계합니다. 당연하지요. 전한이 왜 망했나요? 바로 원제 황제의 부인 왕씨가 자기와 같은 왕씨들을 죄다 궁궐 안으로 불러들이면서 결국 왕망이라는 괴물까지 탄생했던 것 아닙니까? 그런데 이거 아세요? 정치란 것이 한 세력이 저물면 그 빈자리에 또 다른 세력이 스멀스멀 기어 들어온다는 것을요? 이전의 황태자(다음 황제가 될)들은 어렸을 때 외가 친척들의 손에 의해 주로 키워졌어요. 그런데 이제는 키워줄 이모(?)들이 사라진 것 아닙니까?

그 빈자리를 차지한 건 바로 환관들이었어요. 맞아요, 우리가 내시라고 부르는 남자 아닌 남자들요. 원래 환관들이 생겨난 건 이런 이유에서였어요. 원칙적으로 궁궐 안엔 사적으로 남자들이 머무를 수가 없었습니다. 왜? 궁 안에는 수많은 궁녀가 있는데 그 궁녀들은 다 황제의 여인들이었거든요. 혹시라도 외간 남자와 황제의 여인인 궁녀가 눈이라도 맞아버리면 큰일 아닙니까? 그렇다고 궁 안에 남자를 완전히 없앨 수도 없는 노릇이고요. 그래서 남자면서 '남자 구실'을 못하는 환관을 궁 안에 들인 겁니다. 물론 환관들이 권력을 차지하는 과정에서 자리에서 안 밀려나려는 황제의 외갓집 세력들이 치열하게 반발하기도 했어요.

하여간 이 환관들이 황제 외갓집 식구들의 빈자리에 들어가 어린 황태자들의 시중을 들게 된 것인데요. 그러면 당연히 황태자와 환관들 사이에 끈끈한 정이 들 테고 나중에 황태자가 황제가 된 후에도 환관들에게 개인적으로 많이 의지를 하게 되겠지요? 그러면 당연히 환관들의 정치적 파워는 커지겠지요? 결과적으로 이렇게 세가 커진 환관들은 후한이

후한말 영제때 조정을 장악했던
10명의 환관, 십상시

망하게 되는 결정적 원인이 됩니다.《삼국지》맨 앞부분에 나오는 '십상시(十常侍)' 아시죠? 후한 말에 영제(靈帝) 황제 주변에서 권력을 쥐락펴락하다가 결국 후한을 망하게 한 10명의 환관들 말입니다. 이 십상시가 갑자기 '툭' 튀어 나온 것이 아닙니다. 후한의 이런 '환관 의지 시스템' 때문에 생겨난 겁니다. 영제라는 황제는 이 환관들을 아버지, 어머니라고 부르면서 절절맸답니다.

황건적의 난, 후한을 망하게 만들다

권력을 손에 쥔 환관들은 각종 다양한 나쁜 짓을 아주 근면성실하게 했어요. 그중에 특히 중점적으로 열심히 했던 나쁜 짓은 공무원 자리를 돈 받고 판 것이었습니다. 돈이 없어도 자리를 살 수 있었어요. 할부로요. 맞습니다. 일단 공무원 자리 하나를 환관들에게서 받고 자기 관할 백성들을 쥐어짜서 매달 조금씩 갚아나가는 시스템도 실제 있었어요. 그리고 수도보다 지방 공무원 자리가 더 인기가 좋았답니다. 중앙 정부의 눈을 벗어나 마음 놓고 착취를 할 수 있으니까요. 그리고 이런 공무원 자리는 임기가 아주 짧았답니다. 그 말은 그 짧은 기간에 최대한 수탈을 해야 된다, 이 말이지요.

그러면 그 동네 주민들의 삶은 어땠겠습니까? 죽을 맛이었습니다. 하루가 멀다 하고 공무원들이 집에 찾아와 세금 내라고 괴롭히면 제대로 살 수 없겠지요. 그래서 백성들은 야반도주를 하기 시작합니다. 그리고 그렇게 고향을 떠난 사람들이 하나둘 모여 도적 떼를 만들었어요. 바로 후한을 멸망시킨 황건(黃巾)의 난이 시작된 겁니다. 서기 184년에 시작된 이 황건적의 난은 장각(張角)이라고 하는 인간이 태평도(太平道)라는 사이비 종교 단체를 만들면서 시작됐어요. 여러분이 잘 알고 계시는《삼국지》도 바로 이 장각의 '황건적의 난'부터 시작하지요.

왜 '황건'이냐? 태평도 무리들은 머리에 노란색 두건을 쓰고 다녔는데요. 장각이 이렇게 말하고 다녔기 때문입니다. "푸른 하늘은 곧 사라지고 누런 하늘이 다가온다!"라고요. 장각에 따르면 푸른 하늘은 망해가는 한나라를 상징하고 누런 하늘은 자기가 곧 세울 새로운 세상을 상징한다, 뭐 이런 얘기였답니다. 장각은 "곧 흙의 세상이 온다! 흙의 색깔인 노란색 두건을 머리에 매라!"라고 떠들고 다녔어요. 그래서 장각을 따르는 도적 떼들은 다 머리에 노란색 두건, 즉 황건을 매고 다닌 겁니다.

그럼 장각에게 도대체 어떤 매력이 있었기에 사람들이 그를 따랐을까요? 기록에 따르면 아픈 사람들의 병을 고쳐줬다고 합니다. 물론 복불복이었겠지만 실제로 병을 치료한 케이스도 생기다 보니 소문이 퍼진 것이죠. 생각해보세요. 가뜩이나 먹고살기 힘들어 고향도 버리고 야반도주한 사람들 입장에선 '어떤 도인이 무료로 병을 고쳐준대. 한번 찾아가볼까? 그 도인이 세상을 바꿔줄 수도 있을 것 같아'라고 생각했겠지요. 직접 찾아가 보니 사람들이 구름 떼같이 모여 있었겠죠. 또 머리에 노란색 두건을 쓰고 "이제 우리 세상이 온다"라고 외치고 있으니 '그럼 나도 한번 따라가볼까? 이 X 같은 세상, 못 먹어도 Go다!'라고 생각을 했겠지요. 그렇

나관중의 역사 소설《삼국지연의》

게 장각의 세력은 무려 40만 명으로 불어납니다.

이 황건적을 진압하기 위해서 등장하는 인물들이 바로 우리가 《삼국지》를 통해 알게 된 유비, 관우, 장비, 조조 등이랍니다. 물론 이들은 다 역사 속 실존 인물이지만 우리가 알고 있는 《삼국지연의》에는 꾸며진 이야기들이 많아요. 일단 '연의(演義)'란 말 자체가 '소설'이란 뜻이에요. 우리가 알고 있는 삼국지는 '소설'이랍니다. '역사서'가 아니에요. '도원결의' 아시죠? 유비, 관우, 장비가 복숭아나무 아래에서 의형제를 맺는 그 장면이요. 그거 허구예요. 그런 일은 없었어요. 우리가 알고 있는 《삼국지연의》(소설)는 황건적의 난이 터졌던 후한 시대부터 1,000년이 흐른 원나라 말기, 명나라 초기까지 나관중이란 소설가가 쓴 소설이랍니다. 이 책은 나름 역사서기 때문에 '정사 삼국지'를 기준으로 말씀드리겠습니다.

서기 184년에 터진 장각의 황건적의 난은 1년 만에 장각이 죽으면서 끝이 납니다. 장각이 이끈 황건적은 그냥 어제까지 농사짓던 농민들이 우르르 모여 만든 오합지졸이었거든요. 아무리 망해가는 나라 한나라의 군대라고 해도 정식 훈련을 받은 정규군이었습니다. 황건적이 객관적으로 상대가 안 되는 상황이었어요.

하여간 중국 전역을 휩쓴 황건적의 난. 비록 진압은 됐지만 안 그래도 쓰러져가던 '환관의 나라' 한나라를 망하게 만드는 결정타를 날립니다. 환관들에 둘러싸여 황건적이 나라를 말아드시고 계시단 소식조차 제대로 알지 못하고 매일 밤 파티나 열던 한나라 황제 영제. 서기 189년, 34살의 나이로 요절을 하고 맙니다. 그래서 그의 겨우 14살밖에 안 된 아들이 다음 황제가 되니 그가 바로 한나라 소제(少帝)랍니다. 가뜩이나 어리바리했던 전임 황제(영제) 때도 환관들이 판을 쳤는데 이제는 '어리바리 + 나이까지 어림'의 황제가 등장하니 더욱더 중국은 환관들의 세상이 됩니다.

그러나 그때까지 숨죽이고 환관들이 판을 치는 꼴을 가만히 보던 황제의 외갓집 식구들도 "이제는 도저히 안 되겠다. 우리도 손 좀 쓰자"라며 권력 다툼을 시작해요. 중국 한나라의 마지막 '환관 vs 외갓집 식구' 전면전이 시작된 겁니다. 일단 외척이 기선을 잡아요. 황제의 나이가 너무 어리다 보니 황제의 엄마 하태후(何太后)가 섭정(대신 통치)을 시작합니다. 그리고 하태후의 오빠이자 한나라 대장군인 하진(何進)이란 사람이 실질적 권력을 차지해버려요. 그러니까 현직 황제의 외삼촌이죠. 그리고 하진은 환관 중 '대장 환관' 하나를 시범 케이스로 죽여버립니다.

자, 이 '환관 vs 황제 외척' 간 피의 전쟁! 과연 최종 승자는 누구일까요? 의외로 간단하게 끝납니다. 둘 다 집니다. 엥? 먼저 환관들이 대장군 하진에게 편지를 보내요. 태후, 즉 자기 여동생 사인이 들어간 황제의 편지를요. 물론 환관들이 꾸민 겁니다. 내용은 "하진 장군(오빠), 빨리 궁으로 들어오세요. 일이 좀 있어요"라는 편지. 여동생이 궁으로 부르니까 하진 장군은 궁으로 들어갑니다. 그런데 궁 안에는 환관들이 자객들을 숨겨놓은 겁니다! 하진 장군은 자객들에 의해 허무하게 죽어요.

그럼 이제 환관들의 세상이냐? 아니요, 환관들이 대장군 하진을 죽였다는 소식에 눈이 돌아간 하진의 부하들이 일제히 궁으로 난입해서 환관이란 환관들은 싹 다 죽여버렸어요. 어찌 환관인지 아닌지 아느냐? 환관은 수염이 안 나거든요. 궁 안에 수염이 없는 남자들은 다 죽었다고 보면 돼요. 약 2,000명의 환관들이 하진의 부하들에게 죽임을 당합니다. 진짜 '피의 전쟁'이었어요.

그 와중에 일부 지도부급 환관들은 황제인 소제를 인질로 잡고 궁을 빠져나와 도주를 하기 시작했어요. 물론 추격대가 바로 근처까지 따라잡자 환관들은 강에 몸을 던져 자결을 합니다. 그럼 남겨진 어린 황제 소제는? 마침 환관과의 싸움에서 세를 더 모으기 위해 하진이 살아 있을 때 "좀 도와줘"라고 SOS를 친 사람이 있었어요. 바로 동탁(董卓)이란 인물이랍니

후한말기의 무장, 동탁

다. 한번쯤은 들어보셨죠? 《삼국지》 초반 주인공 중 한 명이지요. 이 동탁은 한나라 수도에서 벌어지고 있는 이 권력 싸움을 눈여겨보고 있었어요. 사실상 '이 나라의 권력은 먼저 먹는 놈이 임자다'란 생각에 지방에서 군대를 이끌고 수도로 향하고 있었는데 길바닥에서 두려움에 덜덜 떨고 있던 황제를 발견한 겁니다. 이게 웬 횡재인가! 졸지에 동탁은 '황제를 구한 영웅'이 됩니다.

한나라 수도인 낙양의 궁으로 황제와

함께 들어온 동탁. 실권자였던 하진 장군은 이미 죽었고 자기 수중에 황제는 있고! 이제 세상은 동탁의 세상이 된 겁니다. 후한이란 나라는 사실상 동탁이 궁으로 들어온 순간부터 망했다고 보시면 돼요. 동탁은 궁에 들어오자마자 자기가 구출해서 데려온 어린 황제인 소제를 황제 자리에서 끌어내리고 자기 마음대로 소제의 어린 동생을 다음 황제 자리에 앉혀버립니다. 9살에 얼떨결에 황제가 된 그 꼬마가 바로 후한의 마지막 황제인 헌제(獻帝)입니다. 동탁이 왜 그랬냐? '더 어린' 허수아비 황제를 앉힌 후 자기 마음대로 권력을 쥐락펴락하기 위해서랍니다. 그럼 강제로 황제 자리에서 쫓겨난 소제는? 동탁이 바로 독살해버립니다.

세상이 세 나라로 갈리다! 삼국지의 시대

황제를 자신의 바지 사장으로 만들어버린 동탁. 황제와의 회의 자리에 칼을 차고 들어갈 정도였어요. 황제 앞에선 그 누구든 무장해제거든요. 그런데 칼을 차고 들어간 건 대놓고 세상에 보여주고 싶었던 겁니다. "나 동탁은 황제보다 위에 있다! 하하하!"라고요. 이런 동탁이 몰랐던 것이 하나 있었습니다. 바로 후한 여기저기서 황건적과 싸우며 전투력을 키운 지방 귀족들의 힘을요.

우리가 《삼국지》에서 본 그 인물들. 원소(袁紹), 유비(劉備) 등이 다 황건적들과 맞서 싸우다가 '어라? 내가 이 정도로 힘이 있었네?'라고 깨달은 지방 귀족들 또는 지방에서 힘 좀 쓰는 사람들이었답니다. 그런 이들의 눈에 지금 황제를 가지고 놀고 나라 권력을 잡은 동탁이 어찌 보였을까요? '저놈이 선수를 쳤어. 저 자리, 내 자리가 될 수 있었는데 아깝다'란 생각을 했겠지요. 그래서 바로 '반동탁 연합군'을 만듭니다. 명분은? "불쌍한 우리 황제 구하자! 동탁을 죽이자!"였어요. 그리고 이 연합군에 또 한 사람이 들어옵니다. 후한 정부에서 고위 공직자로 일하다가 동탁의 횡포를 보다 못해 수도를 탈출해 연합군에 가담한, 그 이름도 유명한 조조(曹操)였습니다.

동탁은 당황했어요. "이놈들 뭐야, 이렇게 떼거지로 몰려와서 나를 죽이려 하네? 내가 그냥 당할 줄 알아?" 하면서 뭘 했냐면 수도를 이전해버려요. 원래 후한의 수도는 낙양(洛陽)이란 도시였거든요. 맞아요, 지금도 중국에 있는 그 '낙양' 맞습니다. 그곳을 싹 다 불태워버리고 서쪽으로 이사를 가요. 그리고 서쪽에 있는 장안(지금의 중국 서안)에 새로 수도를 열어버립니다. 이사 가기 싫다는 낙양 시민들은 그냥 싹 다 죽여버립니다. 기록에 따르면 낙양은 개나 닭 한 마리도 없을 정도로 초토화되었다고 합니다. 미친 동탁이었어요.

이런 동탁의 미친 짓을 본 반동탁 연합군은? 그냥 가만히 있어요. 왜? "동탁을 죽이자!"라고 지방 여기저기서 방귀 좀 뀐다는 인간들이 다 모였지만 누가 지휘를 하고 누가 지휘를 받는지, 정리가 하나도 안 되었던 겁니다. 그리고 모두 다 각자 음흉한 야망을 품고 있었던 거죠. '빨리 동탁을 제거하고 내가 그 자리를 차지해야지'라고요. 그래서 누구 하나 선봉에 서는 인간 없이 다들 몸을 사렸어요. 동탁은 그런 모습을 보고 신이 났답니다. "너희 하는 일이 다 그렇지. 하하하" 하면서요.

그런데 동탁은 예상과는 달리 내부 반란으로 무너집니다. 동탁에게는 여포(呂布)라는 호위 무사가 있었는데 동탁과 사이가 별로 안 좋았어요. 한번은 여포가 동탁의 여종을 겁탈하는 일까지 발생하는데 그 이후 둘 사이는 갈라지기 직전까지 갑니다. 그러다가 여포가 동탁을 살해하는 일까지 벌어져요. 알아요. 여러분이 알고 있는 스토리와는 다르죠? 아마 여러분은 '초선'이란 미인이 등장하고 그 미인을 서로 차지하려는 과정에서 여포가 '양아버지' 동탁을 죽인다, 이렇게 알고 계실 겁니다. 그건《삼국지연의》즉 '소설'에 나오는 창작 스토리랍니다. '초선'이란 여인도 실존 인물이 아니라 가공의 캐릭터예요.

하여간 '정사 삼국지'에 따르면 동탁은 자기 부하에 의해 암살을 당해요. 서기 192년의 일이었습니다. 길거리에 내팽겨진 동탁의 시신 배꼽에 심지를 꽂고 불을 지피니 똥배의 기름이 지글지글 타면서 며칠 동안 불이 붙어 있었다고 하지요. 그만큼 동탁은 주변에서 미움을 많이 받고 있었어요.

동탁이 죽었다는 소식을 들은 '반동탁 연합군'은 당황했습니다. 왜? 자기들이 군대를 일으킨 명분이 사라져버렸잖

《삼국지연의》에 등장하는 가공의 인물, 초선

아요. 동탁을 죽이자고 모인 모임인데 말이죠. 이제는 각자도생이었습니다. 이미 엎어진 물! 각자 군대까지 다 일으켰는데 "죄송합니다. 병사 여러분, 이제 그만 고향으로 돌아가야겠습니다"라고 할 순 없잖아요. 이왕군대를 이끌고 칼을 뽑았으니까 "칼 한번 써보자! 동탁도 세상의 권력을 한번 가져봤는데 우리라고 못할 것 없다!"면서 서로 본격적으로 '중국 대륙'이란 먹잇감을 놓고 치열한 전쟁에 들어갑니다. 바로 '삼국지(三國志)'의 시작입니다.

정사(正史) 삼국지의 최종 승자는 유비가 아니다

낙양에서 장안으로 수도가 강제로 옮겨질 때 후한의 마지막 어린 꼬마 바지 사장 황제인 헌제도 동탁에게 끌려 장안으로 갑니다. 그 후 동탁이 암살당하고 그 부하들이 서로 다음 권력을 놓고 치고받고 난장판을 벌이는 사이에 헌제는 장안을 탈출하는 데 성공합니다. 도망가야죠. 동탁도 살해당하는 개판인데 자기도 언제 죽을지 모르잖아요. 황제가 도망 갔다는 소식이 전해지자 동탁의 부하들은 잠시 싸움을 멈추고 황제 추격전에 들어갑니다. 왜? 아시죠? 모든 건 명분! 아무리 허수아비 황제라고 해도 황제를 자기 손에 쥐고 있어야 권력을 쥐락펴락할 수 있는데 그 명분이 도망가버린 것입니다.

도망가는 어린 황제, 그리고 그 황제를 추격하는 추격대의 숨 막히는 추격전이 벌어집니다. 이때 등장하는 인물이 바로 '조조'예요. 황제가 수도를 탈출해 도주 중이란 소식을 들은 조조. 일생일대의 결정을 내립니다. 바로 '자기가 직접 가서 황제를 구출해오는' 결정이었어요. 주변 참모들은 화들짝 놀라면서 조조를 말립니다. 황제를 데리고 있으면 '권력에 눈이 돌아간 경쟁자들'의 표적이 될 수 있다면서요. 그렇겠지요. "야! 조조! 황제 내놔! 임마!"라며 달려들 것이란

중국 통일에 유리한 위치에 오른 조조

걱정을 한 겁니다. 하지만 조조는 달리 생각했어요. "황제를 데리고 있어야 세상을 가질 수 있는 명분이 생긴다"입니다.

여러분, 《삼국지》 하면 가장 먼저 떠오르는 하이라이트, 클라이맥스가 뭘까요? 많은 분이 영화로도 만들어진 '적벽대전'이라고 말하실 겁니다. 물론 적벽대전, 아주 멋진 전투였고 삼국지의 클라이맥스가 맞아요. 하지만 '정사 삼국지'에서 중국 역사의 흐름을 바꾼 가장 중요한 순간은 바로 지금 이 순간이었답니다. 바로 조조가 도망간 황제를 자기 수중으로 데려온 순간 말이죠. 조조가 황제를 데리고 있으면서 중국 대륙을 통치할 명분이 생긴 겁니다. 그게 뭐가 중요하냐고요? 아무리 지금 개판이라고 해도 황제가 엄연히 존재했고, 그 황제가 아무리 '빙다리 핫바지' 황제라고 해도 황제였어요. 황제가 명을 내리면 지금 '세상은 내 것'이라고 날뛰는 지방 세력들은 일단 따라야 했어요. 왜? 황제의 명령이니까요. 즉,

황제가 까라면 일단 까야 했답니다. 문제는 그 황제를 누가 조종했냐? 맞아요, 바로 조조였어요. 즉, 중국 천하 통일에서 정말 유리한 위치에 오른 겁니다. 엥? 유비가 천하 통일한 것이 아니냐고요? 아닙니다. 삼국지의 최종 승자는 조조예요. 유비요? 유비가 세운 촉나라가 삼국(위, 촉, 오) 가운데 제일 먼저 망해요.

하여간 조조는 벌판에서 언제 죽을지 모를 공포에 벌벌 떨고 있던 어린 황제를 자기의 거점 도시인 허창(許昌)이란 곳으로 '모셔' 옵니다. 그리고 승부수를 던져요. 당시 "세상은 이제 내 것"이라고 들고 일어난 세력가 중 가장 힘이 강력했던 인물이 바로 '원소(袁紹)'란 사람이었답니다. 중국 북부 지역은 모두 원소의 땅이라고 할 정도로 세력이 엄청났어요. 그 말은 조조 입장에선 천하를 자기 것으로 만들려면 가장 먼저 제거해야 할 대상이었던 것이죠.

후한의 무인, 원소

결국 두 '영웅'은 지금 중국 산동성 제남(濟南)에서 서쪽으로 조금 떨어진 관도(官渡)라는 곳에서 격돌합니다. 서기 200년의 일이었는데 삼국지에 등장하는 바로 그 '관도대전'이란 전투였어요.

원소는 약 10만 대군을 이끌고 있었고 조조는 약 2만의 대군을 이끌고 있었어요. 객관적인 하드웨어만 봤을 때는 당연히 원소가 이겨야겠지요. 그러나 결과는 원소의 대패였습니다. 패배의 원인은 여러 가지가 있었지만 가장 중요한 건 남의 말을 안 듣는 원소의 고집이 문제였어요. 원소는 정말 명문가 집안 출신이었거든요. 그래서 어려서부터 기고만장해서 남의 말 따위는 안 듣는 건방진 성격의 소유자였답니다. 그런 반면 조조는 환관 집안에서 어려서부터 놀림을 받으며 자랐어요. 환관 자손이라고요. 엥? 환관은 남자 구실을 못하는데 웬 자손이냐고요? 양자를 들여서 집안을 이어갔답니다. 양자의 아들로 태어난 거죠.

하여간 조조는 어려서부터 고생을 하며 자수성가를 한 인물이었어요. 부하의 의견이라도 옳다, 생각하면 기꺼이 받아들이는 포용력이 있었어요. 결국 원소는 대패하고 겨우 목숨만 건진 채 도망을 가고 말아요. 이제 중국 북부의 주인은 원소에서 조조가 된 겁니다. '소설 삼국지'《삼국지연의》에서 워낙 적벽대전을 엄청난 이벤트로 띄우다 보니 '삼국지 = 적벽대전'으로 알고 있는 분이 많은데 실제 '정사 삼국지'에서 가장 중요한 전투는 바로 이 '관도대전'이었답니다. 서기 200년의 일이었습니다.

드디어, 적벽대전!

조조가 중국 북부를 장악하고 있을 때 중국 남부에선 두 명의 인물이 세력을 키우고 있었습니다. 바로 손권(孫權) 그리고 그 유명한 유비(劉備)였어요. 손권은 원래 양자강 이남의 엄청나게 잘나가던 집안 출신 금수저여서 이미 중국 남부에서 탄탄한 세력을 다져놓았던 반면, 빽없고

가난했던 유비는 자수성가로 중국 남부에서 어느 정도 강력한 세력을 만들었어요. '소설 삼국지'가 유비를 너무 '슈퍼스타'로 부풀려서 그렇지 어느 정도 실력과 매력이 있던 인물인 것은 틀림없었답니다. 유비는 특히 인재들을 끌어모으는 재주가 있었어요. 우리가 잘 아는 관우와 장비를 한 팀으로 끌어들이고, 특히 그 까칠하고 사람 가려 만난다는 제갈량(諸葛亮)을 세 번이나 찾아가 설득한 끝에 자기 사람으로 만들었으니까요. 그걸 '삼고초려(三顧草廬)'라고 불러요. '삼고(三顧)'는 '세 번 찾아간다'란 뜻이고 '초려(草廬)'는 '초가집'이란 뜻이랍니다. 당시 제갈량은 산속 초가집에 살고 있었거든요.

북부 중국이 아니라 중국 대륙 전체를 꿀꺽하려는 야망을 가진 조조와 남부 중국을 지키려는 손권, 유비의 충돌은 불가피했어요. 그래서 조조가 원소를 꺾고 북부 중국을 통일한 후 8년이 지난 서기 208년, 중국에서 코로나가 처음 발견된 우한(武漢)에서 서쪽으로 조금 떨어진 양자강에서 '조조 vs 손권, 유비 연합군'이 한판 거하게 붙습니다. 그 양자강 강변에 '붉은 절벽'이 있다 해서 이 강 위에서의 해상 전투를 '적벽대전(赤壁大戰)'이라고 부른답니다.

적벽대전의 결과는 조조의 참패였답니다. 왜 졌을까요? 조조와 그의 병사들은 대부분 북부 중국 출신들이었습니다. 적벽대전이 벌어진 우한 지방은 중국 중남부 지역이거든요. 풍토와 기후가 완전 달라요. 우리나라 서울과 부산 사이 정도로 생각하시면 안 돼요. 거의 우리나라에서 일본 오키나와 정도의 거리라고 생각하셔야 해요. 건조한 북부에서 내려온 조조의 병사들은 덥고 습한 남부 지역에서 각종 풍토병에, 설사에, 모기

촉나라의 초대 황제 유비 | 오나라의 초대 황제 손권

삼고초려, 제갈량을 얻기 위해 세 번 찾아간 유비

촉나라의 전략가, 제갈량

에 진이 완전 다 빠져버렸답니다. 그 상태에서 무슨 전투를 합니까?

게다가 그 먼 거리를 배 타고 오니 뱃멀미 또한 장난이 아니었어요. 조조의 병사들은 물 위에서 싸워본 적이 거의 없는 육군들이었거든요. 영화 〈적벽대전〉을 보면 조조가 자기 수군 군함들을 다 밧줄로 묶어버리지요? 그 이유가 바로 병사들의 뱃멀미였답니다. 배들을 하나로 다 묶어버리면 그나마 흔들림이 줄어 뱃멀미를 덜 하게 되니까요.

그런데 그 모습을 손권, 유비 연합군이 봤다는 것이 문제였어요. 나무로 만든 배가 하나로 다닥다닥 붙어 있으면 가장 무서운 것이 뭘까요? 맞습니다. 바로 '불'이에요. 그래서 손권, 유비 연합군은 바로 불을 질러버려요. 조조군은 손을 쓸 겨를도 없이 그냥 속수무책으로 불에 타 죽고 물에 빠져 죽어버립니다. 서기 208년의 적벽대전은 확실하게 손권, 유비 연합군의 승리였어요.

조조가 만약 적벽대전에서 이겼다면 그 순간 중국은 조조에 의해 다시 통일이 되었을 거예요. 예상치도 못하게 '초강력 패권자' 조조가 대패한 후 중국은 3명의 실력자들이 서로 눈치를 보면서 숨 고르기에 들어갑니다. 즉, 천하가 삼등분된 겁니다. 적벽대전에서 진 조조가 서기 220년 66살로 죽고 그의 아들 조비(曹丕)가 껍데기만 남은 후한의 새로운 실권자가 돼요. 그리고 자기 아빠 조조가 '인질'로 잡고 있던 후한의 마지막 황제 헌제를 협박해 황제의 자리를 빼앗아버립니다. 그리고 나라 이름을 후한에서 '위(魏)'로 바꿔버립니다. 간당간당 산소 호흡기 달고 연명해오던 후한이 공식적으로 멸망한 순간이었어요. 기원전 206년 유방이 한나라를 세운 후(중간에 왕망이 잠깐 신나라를 세운 적은 있지만) 400여 년 이어온 한나라가 역사 속으로 사라진 겁니다. 서기 220년의 일이었어요.

한나라(후한)가 역사 속으로 사라지고 조조의 아들 조비가 위나라의 초대 황제 자리에 오르자 남부 지역의 실권자 손권과 유비도 각각 나라를 세웁니다. 손권은 지금의 상해, 남경 부근을 거점으로 오(吳)나라를 세우고, 유비는 지금의 사천성 성도를 중심으로 촉(蜀)나라를 세워요. 이렇게 한나라가 망한 후 위, 촉, 오, 세 나라가 중국을 삼등분해버립니다.《삼국지》가 삼국(三國)지인 이유가 바로 이것이랍니다.

삼국지의 최종 승자는? 유비도 조조도 아닌 사마의!

서기 220년에 조조의 아들 조비가 세운 위나라는 그리 오래가지 못했어요. 바로 사마의(司馬懿)란 인물 때문입니다. 그가 누구냐? 일단 조조가 살아 있을 때 발탁된 인물인데 조조가 사마의를 꽤 괜찮은 인물로 봤어요. 그래서 자기 아들 조비의 '수석 조언자'로 임명해줍니다. 그리고 조조가 죽고 조비가 한나라를 멸망시키고 위나라를 세우며 황제의 자리에 오르자 사마의도 덩달아 새 나라 위 황제의 '수석 어드바이저'가 된 것이죠.

조비가 위나라를 세운 후 유비의 촉나라는 끊임없이 위나라를 공격했어요. 촉이 남쪽이고 위가 북쪽이다 보니 이걸 '촉의 북벌'이라고 부릅니다. 이 촉의 북벌을 총지휘했던 인물이 바로 제갈량입니다. 그리고 이 촉의 북벌을 모두 다 막아낸 인물이 바로 위나라의 사마의고요. '소설 삼국지'를 보면 제갈량이 엄청 위대한 전략가로 나오지요? 사실은 딱히 그렇지도 않았어요. 왜냐하면 제갈량의 북벌은 총 다섯 차례 있었는데 다 실패합니다. 사마의가 다 막아낸 것이죠. 그러다가 계속되는 패전에 격분한 제갈량은 시름시름 앓다가 객사하고 말아요. 소설 말고 실제 정사에서의 최종 승자는 제갈량이 아니라 사마의였던 겁니다.

촉의 공격을 다 막아낸 사마의, 위나라에서 그 위상이 어땠을까요? 한마디로 인기 폭발이었겠지요. 문제는 조비가 죽은 후 그의 아들 조예(曹叡)가 황제가 된 다음입니다. 그러니까 위나라 2대 황제가 되겠지요. 그

삼국지의 최종 승자, 사마의

런데 이 인간이 조금, 아니 아주 많이 어리바리한 인간이었어요. 황제로서 자질이 많이 부족한 인간이었답니다. 이 타이밍에 사마의가 권력에 눈을 뜨고 맙니다. '지금 이 나라의 슈퍼스타는 바로 나 사마의인데 나라고 세상 권력 잡지 말라는 법이 어디에 있어'라고 생각한 겁니다. 결국 서기 249년, 사마의는 쿠데타를 일으키고

위나라의 실권을 잡아버려요. 그렇다고 바로 '조씨'들을 다 없애버리고 '사마씨'의 나라를 세운 건 아니었어요. 계속해서 조조의 후손 '조씨'를 허수아비 황제로 세우고 자기가 그 뒤에서 실제 권력을 쥐락펴락해요.

그런 가운데 서기 251년 사마의가 72살로 죽고 그의 아들 사마소(司馬昭)가 위나라의 실권자가 돼요. 이 사마소! 꼭 기억해야 합니다. 왜? 유비가 세운 촉나라를 멸망시킨 인물이거든요. 서기 263년, 사마소는 위나라의 대군을 촉으로 보냅니다. 물론 조씨 황제는 있었지만 실제 권력자는 사마소였어요. 하여간 당시 촉나라는 유비는 이미 죽고(유비도 전투에서 박살이 나서 패한 후 도주하다 길거리에서 죽습니다) 유비의 아들 '유선(劉禪)'이 촉나라 황제 자리에 있던 때였어요. 유선, 아마 중국 역사상 가장 멍청하고 무능력한 왕이었을 겁니다. 위나라 군대가 쳐들어온다는 소식을 듣고 당장 항복해버려요. 한 번 싸워보지도 않고요. 이렇게 유비가 세운 촉나라는 서기 263년, 유비가 나라를 세운 지 43년 만에 망해버려요.

유비의 촉나라가 망하고 2년 후 서기 265년, 위나라 최고 권력을 휘두르던 사마소가 죽습니다. 그리고 그의 아들 사마염(司馬炎)이 '또다시' 자기 아빠 뒤를 이어 위나라의 실권자가 됩니다. 그런데 이 사마염은 '사실상 실권자' 타이틀에 만족하지 못했어요. 그래서 '빙다리 핫바지' 조씨 황제를 자리에서 끌어내리고 자기가 드디어 황제가 되고 말았어요. 그리고 나라 이름도 위나라에서 진(晉)나라로 바꿔버립니다. 진시황의 진(秦)나라와 헷갈리지 마세요. 하여간 이렇게 조조가 기틀을 닦고 그의 아들 조비가 세운 위나라도 46년 만에 망합니다.

이제 어디만 남았죠? 맞아요. 손권이 지금의 상해, 남경 지방에 세운 오나라, 하나만 남았지요? 오나라도 손권이 서기 252년 죽고 그 후손들이 권력 싸움을 하는 통에 나라가 개판 5분 전이 되어버립니다. 이미 중국 천하의 '거침없는 원톱'이 되어버린 진나라에게 이런 오나라는 아주 쉬운 껌이었어요. 진나라 초대 황제 사마염은 한때 중국 남부를 호령하던 오나라를 쳐들어가 멸망시켜버립니다. 사마염의 진나라가 다시 한번 중국 대륙을 통일한 순간이었습니다. 서기 280년의 일이었습니다. 하지만 이런 '벼락부자' 진나라도 그리 오래가지 못해요.

적벽대전: 거대한 전쟁의 시작

赤壁 , Red Cliff

개봉	2008
장르	액션, 드라마, 전쟁, 모험
감독	오우삼

중국 역사 최고의 하이라이트, 적벽대전!

중국 역사 최고의 하이라이트, 바로 삼국지의 적벽대전이다. 소설 삼국지든 정사 삼국지든 적벽에서의 전투는 중국 역사의 큰 흐름을 바꿔놓았다. 위, 촉, 오 3국이 대립하던 서기 208년 중국을 배경으로 한다. 진시황에 이어 다시 한 번 중국 통일의 야망을 가졌던 조조(장풍의 분)는 뛰어난 전략으로 중국 대륙의 북부 지역을 모두 차지하게 된다. 한편, 조조에게 연전연패를 당하며 후퇴를 하던 유비(우용 분)는 결국 손권(장쳰 분)의 오나라 부근까지 도주를 한다. 유비군은 조조에 대항해 필사의 항쟁을 하지만 역부족. 무슨 방법이 없을까, 고민을 하던 유비. 결국 오나라의 손권과 연합하기로 하는데 손권은 조조와의 전쟁을 슬슬 피한다. 이때 유비의 책사인 제갈량(금성무 분)이 홀로 오나라로 떠난다. 연합군 결성을 위한 협상을 위해. 과연 유비와 손권의 연합은 이루어질까?

여기서 스포일러 하겠다. 당연히 결성된다. 그리고 조조를 꺾는다. 적벽대전, 숨 막히는 과정을 그린 영화다.

당태종 이세민

당태종

수나라가 대운하 건설 같은 무리한 토목공사로 망하는 걸 두 눈으로 똑똑히 지켜본 당태종은 재임 기간 절대로 무리한 토목공사를 하지 않습니다. 그리고 흉년이 들면 바로 세금을 깎아주고 먹고살 길이 없는 백성에겐 자기 개인 황실 재산까지 털어서 지원을 해줘요. 비록 형제를 죽이고 황제 자리에 올랐지만 정치 하나는 정말로 백성을 위해 펼쳤답니다. 깐깐한 위징의 말도 잘 듣고요. 그래서 중국인들은 당태종 이세민을 성군(聖君)으로 존경한답니다.

4장

분열의 중국 대륙

AD 313 - 907

오호십육국부터 당나라까지

313	흉노족, 진나라 황제 회제 살해(영가의 난)
317	진나라 수도를 남경으로 옮김, 동진 건국
420	동진 멸망, 남북조 시대 시작
439	북위, 북부 중국 통일
581	양견, 수나라 건국, 수문제 즉위
589	진나라 멸망, 중국 대륙 재통일
618	수나라 멸망, 이연, 당나라 건국
755	안록산의 난 발발
875	황소의 난 발발
907	주전충, 후량 건국, 당나라 멸망

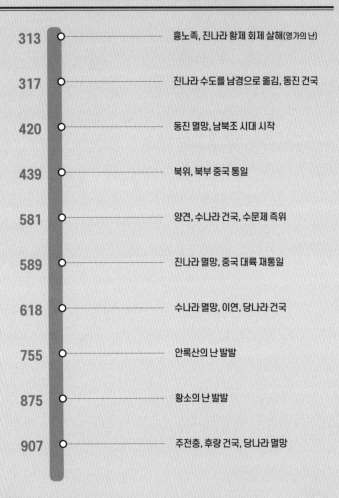

제일 헷갈리는 '오호십육국(五胡十六國) 시대'

　유비의 브레인, 제갈량을 그렇게 골탕 먹이고 화병으로 길거리에서 죽게 만든 '위나라'의 사마의. 그 사마의가 슬슬 권력에 욕심을 갖고 조조의 '조씨'가 세운 위나라 권력을 슬금슬금 갉아 먹었지요. 그리고 결국 사마의의 손자인 사마염이 '조씨'를 몰아내고 진(晉)나라를 세웠죠? 그 진나라가 결국 손권이 세운 오나라를 서기 280년 멸망시키고 중국을 다시 하나로 통일시킵니다. 그런데 진나라에 문제가 하나 있었어요. 중국을 하나로 통일은 시켰지만 그 큰 땅덩어리를 통치할 만한 능력이 없었던 겁니다. 막상 통일은 했지만 감당이 안 되었던 겁니다.

　가장 큰 문제는 그 넓은 땅 여러 지방에 생판 모르는 관리들을 보내기가 좀 그랬어요. 왜? 자기들도 '조씨'들로부터 쿠데타를 일으켜 권력을 날로 후루룩 빼앗았는데 다른 놈이라고 그러지 말란 법이 없잖아요. 민을 수가 없었지요. 그래서 '사마씨' 정권이 결정한 것은 다시 '봉건제'를 하는 거였어요. 봉건제, 기억나시죠? 각 지방에 '믿을 만한' 친인척을 보내 통치하게 하는 제도 말입니다. 믿을 건 핏줄밖에 없다, 뭐 이런 제도였어요. 그래서 사마씨 정권도 각 지방에 같은 '사마씨'들을 보내서 지방 행정을 보게 합니다. 수도에 있는 사마씨는 '황제' 그리고 지방으로 내려간 친인척 사마씨들은 '왕(王)'으로 임명해서요.

그런데 그거 아세요? 치고받고 싸울 때는 형제, 친인척들이 더 겁나게 싸운다는 것을요? 특히 재산을 놓고 싸울 때는 "이 사람들이 형제가 맞나" 싶을 정도로 육박전까지 벌여요. 봉건제의 문제가 딱 바로 그거였어요. 권력 놓고 싸울 때는 친인척들이 더 겁나게 싸운다는 거였어요. 진나라 지방으로 '왕' 임명장을 가지고 떠난 사마씨들은 생각합니다. "아니, 지는 왜 황제고 나는 왜 왕이야? 나도 황제가 되면 안 돼?"란 불만을 가지고 있다 결국 일이 터지고 맙니다. 지방에 내려간 진나라 초대 황제 사마염의 아들, 조카 8명이 결국 서로 치고받고 권력 투쟁에 들어갔어요. 서기 291년부터 무려 306년까지 중국 진나라에서 내전이 일어납니다. 총 8명의 사마씨 왕(王)이 서로 싸웠다고 해서 이것을 '8왕의 난'이라고 부른답니다.

이 8명의 사마씨들이 서로 조금이라도 권력을 더 차지하기 위해서 해서는 안 되는 짓까지 해버립니다. 바로 북방의 흉노족, 선비족 같은 '오랑캐'들을 용병으로 쓰면서까지 전쟁을 벌인 것이죠. 흉노가 어떤 자들입니까? 그 천하무적 진시황조차 벌벌 떨게 만들었던, 그래서 만리장성까지 건설하게 만들었던 무시무시한 자들이잖습니까? 한나라를 세운 유방도 한때 흉노족에 포위되어 죽을 뻔하다 뇌물을 주고 겨우 빠져나왔잖아요. 그런 흉노를 중원으로 끌어들인 겁니다.

흉노 등 유목 민족들의 입장에선 '땡큐'죠. 만리장성까지 쌓아가며 자기들을 몰아냈는데 이제는 "어서 옵셔!" 하고 중원으로 모셔왔으니까요. 그리고 막상 만리장성 넘어 중원으로 내려가 보니 중국 한족도 별것 아니었던 겁니다. 게다가 지금은 8명의 사마씨들이 서로 치고받고 죽이고 난리 블루스를 추고 있던 것이 아닙니까? 그래서 흉노 등 유목 민족들은 '이거, 이번 기회에 우리 민족이 중원에 나라 한번 세워봐?'란 생각을 하게 된 것이죠. 그리고 바로 실천에 들어갑니다.

서기 311년, 중원으로 이사 들어와 자리를 잡은 흉노족들이 진나라 황제를 죽여버리고 진나라 병사 10만 명을 몰살시켜버리는 난을 일으킵니다. 맞아요, 진나라 황제까지 죽여버려요. 이걸 중국 한족들은 '영가의 난(永嘉之亂)'이라고 해서 굉장히 치욕적으로 생각해요. 흉노 오랑캐가 한족 황제를 죽여버렸다고 해서요. 왜 '영가'냐고요? 당시 진나라 황제는 '회제(懷帝)'라는 사람이었는데요. 그 사람의 연호(年號)가 바로 영가(永嘉)랍니다. 연호가 뭐냐고요? 걱정 마세요. 알려드릴게요. 황제가 즉위하면 그 '즉위 1년'부터 그 황제가 죽을 때까지의 시대를 부르는 '기간'의 이름이랍니다. 지금도 일본은 연호를 쓰고 있지요. 지금 일본의 나루히토 왕(뭐, 정확히는 천황)의 연호가 바로 '레이와(令和)'잖아요. 하여간 당시 흉노에 의해 살해당한 진나라 회제 황제의 연호가 '영가'였답니다. 그 '영가' 기간에 일어난 '참극'이라고 해서 '영가의 난'이라고 중국인들은 불러요. 한족 최악의 치욕이었죠.

흉노가 '용병'으로 들어왔다가 아예 그 중원, 동네 주인으로 자리 잡는 걸 본 다른 유목 민족들도 "우리도 한번 들어가볼까?" 해서 너도나도 중원으로 밀려 들어옵니다. 총 5개의 오랑캐 유목 민족들(흉노 포함)이 지금의 중국 북부 지역으로 몰려 들어와요. 그리고 그 5개의 오랑캐들이 총 16개의 '고만고만한' 나라들을 세웁니다. 이 시기가 바로 중국사 공부할 때 가장 지루하고 재미없고 복잡하기만 한 '오호십육국(伍胡十六國) 시대'랍니다. 말 그대로 5개의 오랑캐들이 총 16개의 나라를 세운 시대라는 말이죠. 이 시대, 평화로웠을까요? 천만의 말씀이죠. 135년 동안, 16개의 나라가 나타나고 사라졌으니 개판도 그런 개판이 없었답니다.

그럼 황제까지 살해당한 사마씨의 진나라는 망했냐? 그건 아니었어요. 일단 중국 북부 지역은 오랑캐에게 다 빼앗깁니다. 그리고 양자강 남쪽으로 도망을 가요. 지금의 상해, 남경 그 부근이지요. 그리고 그 남쪽 지역에서 진나라 정권을 겨우 겨우 이어가요. 수도는 지금의 남경으로 정하고요. 뭐, 남쪽이라고 외국은 아니었으니까요. 당시 중국 남부 지역도 진나라였으니까 엄밀히 말하면 북쪽은 오랑캐에게 빼앗기고 오랑캐들이 '너무 멀어' 오지 못하는 안전한 남쪽에서 겨우 정권을 이어간 것이죠. 서기 317년의 일이었습니다. 이렇게 남쪽에 생긴 '반토막' 진나라 시대를 '동진(東晉)시대'라고 불러요.

엥? 남쪽으로 도망갔는데 왜 '남진(가수 아님)'이 아니라 '동진'이냐고요? 원래 진나라의 수도는 북쪽의 '낙양(지금 중국의 낙양)'이었거든요. 그리고 남쪽으로 도망 와 새로 문 연 수도는 지금의 남경(南京)이랍니다. 그런데 지도를 보면 낙양은 중국 대륙의 서쪽(정확하게 서북쪽), 그리고 남경은 동쪽(정확하게 동남쪽)에 있어요. '동쪽에 있는 남경을 수도로 한 진나라다' 해서 '동진'이라고 불러요. 저한테 뭐라 하지 마세요. 중국인들이 그렇게 이름 지은 겁니다.

혼란의 틈을 타고
불교, 중국으로 들어오다

우리가 '중국 불교' 하면 '소림사'를 바로 떠올릴 정도로 '당연히 중국의 종교는 불교다'란 생각을 가지고 있지요. 하지만 공자, 맹자 등의 유교의 시각으로 보면 불교는 굉장히 중국과는 거리가 멀어요. 보세요. 일단 유교는 조상님께 제사를 지내고 부모님을 모시는 효도, 즉 '대가족 관계'를 정말 중요하게 생각하잖아요. 그런데 불교는 그런 '속세의 인연'을 다 끊고 산속에 들어가 혼자 고행을 하게 만들잖아요. 그리고 그 '고행, 수련'도 유교의 시각에서는 문제랍니다. 왜? 유교에서 부모와 조상이 주신 신체는 함부로 손도 못 대게 하잖아요. 불효라고요. 그런데 불교에선 일단 머리 빡빡 깎고 단식 수행, 면벽 수행 등 부모님이 주신 몸을 '감히' 괴롭히잖습니까? 사실 불교는 중국 전통 사상과는 아주 거리가 멀어요.

그런데 이런 불교가 어찌 중국에 자리 잡게 되었나? 바로 중국 북부에 자리 잡은 오랑캐 국가들 때문이었어요. 일단 흉노 등 유목 민족들은 중국 한족의 유교와는 별 상관이 없었잖습니까? 상황이 마침 그런데 인도에서 슬슬 불교라는 종교가 중국 북부 지역을 통해 중국 대륙으로 들어오기 시작한 겁니다. 응? 인도에선 무슨 일이 있었기에 인도에서 태어난 불교가 고향인 인도에서 자리를 못 잡고 남의 나라로 들어왔냐? 아주 간단히 설명해드리면 이래요. 아시다시피 인도에는 '카스트'라고 4개의 신분 제도가 있지요? 수천 년 동안 뿌리를 내려 오늘날까지도 카스트 제도 때문에 벌어지는 신분 차별이 어마무시하답니다. 인도에서 태어난 불교는 원칙상 이런 카스트 신분 제도를 철저히 거부했어요. "인간은 누구나 다 평등하다"란 철칙이 있었지요. 그 말은? 맞습니다. 불교는 '카스트의 나라' 인도에서는 살아남을 수가 없었어요. 그래서 또 다른 정착지를 찾아 나섰는데 그중 하나가 중국이었어요.

그런데 마침 중국 북부 지역에 종교엔 별 관심도 선입견도 없는 '열린 마음'의 유목 민족들이 자리를 잡았네? 그래서 슬슬 중국 땅으로 밀려드는 '낯선 종교'인 불교에 대한 거부감이 전혀 없었던 겁니다. 게다가 유목 민족 지도부들이 머리를 잘 썼어요. 가만히 생각해보니 한족이 떠받드는 유교에서는 '신(神)'이 없잖아요. 그런데 불교엔 '부처님'이란 막강한 신이 있고 그 신을 이용해서 '유목 민족의 왕 = 부처님' 또는 적어도 '유목 민족의 왕 = 부처님의 대리인'으로 밀면 새로 점령한 땅을 다스리는 나름의 '통치 철학'이 될 수 있다는 깜찍한 생각을 한 겁니다.

그리고 이 유목 민족들이 불교에서 '아주 기똥찬 개념' 하나를 찾아내요. 바로 '윤회사상'입니다. "네가 지금 현생에 짓는 죄와 공에 따라 다음 생에 뭐로 태어날지가 결정된다"란 사상 말입니다. 현생에 잘하면 다음 생에 다시 인간으로 태어나고 죄를 많이 지으면 바퀴벌레로 태어난다, 뭐 이런 사상이요. 이게 원래 인도 대륙에 기원전 1500년경 들어온 '아

돌조각의 예술, 낙양의 용문석굴

리아인'이란 백인들이 원래 인도에 살던 원주민들을 탄압하기 위해 만든 신분 차별 제도, 즉 카스트 제도를 유지하기 위해 만들어낸 '못된 사상'이 거든요. "지금 네가 노예로 사는 건 전생에 나쁜 짓을 많이 지었기 때문이 야"를 인도 사회에선 지도부가 일반 민중에게 강요를 했어요. 그러니까 "'네 팔자려니' 생각하고 현생에서 반발하지 말고 열심히 찌그러져 살아" 란 강요였죠.

이 엄청난 윤회사상이라는 '인도 철학'을 유목 민족들이 알아내고 자기가 점령한 북부 중국의 한족들에게 적극적으로 전파합니다. "한족! 너희가 이렇게 지금 고생하는 건 다 너희 전생의 업보 때문이야!"란 사상을 세뇌시키기 시작한 것이죠. 그러면서 불교를 국가적 차원의 '공식 종교' 로 밀기 시작합니다. 실제로 중국 북쪽을 점령한 유목 민족들은 지금도 남아 있는 어마무시한 규모의 불교 유물을 만들어요. 대표적인 것이 지금의 낙양에 있는 '돌조각의 예술'이라고 불리는 용문석굴(龍門石窟)이랍니다. 나중에 북방 오랑캐 16개국을 다 정리하고 통일을 한 '최강 오랑캐 나라' 북위(北魏) 때 만들어진 중국 최고의 역사 유적 중 하나예요.

오랑캐에 점령당한 북부 중국은 물론 북부 난민들이 갑자기 밀려들어 난장판이 된 남부 중국의 일반 민중들도 '신흥 종교'인 불교를 받아들이기 시작했답니다. 생각해보세요. 주변이 전쟁 통에 생지옥이니 그냥 '속세를 떠나고 싶은 생각'이 들지 않겠어요? 게다가 불교란 신흥 종교는 개인이 수행을 하면 '인생의 답'을 얻을 수 있다고 선전하니 '한번 속는 셈 치고 믿어볼까?'란 생각들을 한 겁니다. 그래서 인도에서 자리를 잃었던 '인도의 종교' 불교가 무난히 중국에 정착을 하게 됩니다. 물론 불교가 그 이전에 중국에 들어왔지만 본격적으로 주요 종교로 자리를 잡은 것은 이 '오호십육국' 시기로 보시면 돼요. 한반도에 처음으로 불교가 들어온 것도 바로 이때 오호십육국 시대였답니다. 공식 기록은 서기 372년, 중국 북부의 16개 오랑캐 나라 중 하나였던 전진(前秦)을 통해 고구려로 불교가 들어왔어요.

남북조(南北朝) 시대는 또 뭐야?

자, 잘 따라오세요. 이 시기가 중국사 공부하는 데 제일 헷갈리는 지점입니다. 북부 중국에 오랑캐들이 총 16개의 나라를 세우고 망했다고 했죠? 그 가운데 북위(北魏)라는 나라가 있었어요. 선비(鮮卑)라는 유목 민족이 세운 나라인데요. 우리가 '공부 열심히 하는 사람'을 부르는 '선비' 아닙니다. 하여간 이 선비족이 서기 439년, 북부 중국의 나머지 떨거지 오랑캐 국가들을 다 멸망시키고 하나의 나라로 통일합니다. 꼭 기억하세요. 중국 전체의 통일이 아니라 북부 중국의 통일입니다. 이 '북위'가 북부 중국을 통일한 시기를 '북조(北朝)' 시기라고 불러요.

북조가 있으면 남조도 있겠지요. 기억하시죠? 진나라가 나라 반쪽을 날려먹고 남쪽으로 도망 와서 '동진'이라는 나라를 세웠다고요. 그 동진이란 나라가 잘 운영이 되었을까요? 생각해보세요. 남쪽 지방에도 원래 '원주민'들이 잘 살고 있었는데 갑자기 북쪽에서 '거지 떼'들이 우르르 몰려와서 "우리도 같이 살자. 뭐, 먹을 것 좀 없냐? 이 땅, 우리한테 좀 줘"라고 하면 기분 좋겠어요? 갈등이 일어나겠죠. 당연히 당시 남부 중국, 즉 동진에서도 원래 남쪽의 기득권 세력과 북에서 내려온 유민들 사이에 갈등이 폭발합니다.

결국 동진도 서기 420년 내부 분열로 망하고 역사 속으로 사라져요. 동진이 망한 후 중국 남부에는 '송(宋), 제(齊), 양(梁), 진(陳)' 4개의 나라가 차례로 세워졌다 망해요. 이렇게 동진이 망한 후 남부 중국에 들어선 4개의 나라(송, 제, 양, 진)의 시대를 합쳐서 '남조(南朝)' 시대라고 부릅니다. 아까 말씀드린 북쪽의 북조와 남쪽의 남조를 합쳐서 '남북조 시대'라고 부르는 거예요. 그리고 중국 역사에서 조조가 세운 위나라, 사마염이 세운 진나라, 지금의 남북조를 하나로 묶어 '위진남북조 시대'라고 부른답니다. 중국 역사 공부할 때 제일 재미없고 복잡한 시대예요. 보통 중국사 공부할 때 이 위진남북조 시대에서 책을 놔버리죠.

북조 역사에선 딱 한 인물만 기억하면 돼요. 바로 북쪽을 통일한 선비족의 나라 북위의 '효문제(孝文帝)'란 황제랍니다. 서기 471년에 북위의 황제가 되는데요. 오랑캐 유목 민족 황제였지만 한족의 '오리지널 중국 문화'를 너무나 사랑했던 황제였답니다. 그래서 선비족의 모든 것을 다 버리고 한족의 중국 문화를 받아들입니다. 심지어 북위의 수도도 북쪽 선비족의 근거지에서 지금까지 중국 역사의 중심지 낙양으로 옮겨버려요. 부산 사람이 서울을 너무 좋아해서 부산 사투리도 못 쓰게 하고 동네 이름도 광안리에서 압구정으로 바꿔버리고 아예 부산을 버리고 서울로 이사를 온 격이죠.

효문제가 북위의 수도를 낙양으로 옮기려 할 때 재미있는 에피소드가

중국 북위 황제, 효문제

하나 있어요. 수도를 낙양으로 옮기려 하자 많은 북위의 귀족이 극렬히 반대를 합니다. 당연하지요. 원래 기반이 있던 곳을 다 버리고 새로운 곳으로 이사 가면 기득권을 다 잃어버리는 것이잖아요. 부산 유지한테 "부산에 있던 땅, 건물 다 버리고 서울로 이사 가라" 하면 가겠어요? 안 가지요.

귀족들이 수도 이전을 반대하자 효문제는 갑자기 남부 중국 정벌 명령을 내립니다. 무려 40만의 대군을 집합시켜요. 여기에 북위의 귀족들은 더 크게 경악합니다. 옆 동네 치러 가는 것도 아니고 대륙을 가로질러 남쪽으로 전쟁을 하러 간다? 겨우 중국 북부 지역을 장악한 오랑캐 정권으로서는 엄청난 무리수죠.

그럼 효문제는 왜 갑자기 남부 정벌을 준비했냐? 수도 이전을 하기 위해서였어요. 남부 정벌 때문에 멘붕이 온 북위의 오랑캐 귀족들에게 갑자기 제안을 해요. "둘 중 하나 골라! 남부 정벌이야? 아니면 수도 이전이야? 빨리 결정해!"란 제안을요. 귀족들 입장에선 불가능한 남부 정벌보다는 수도 이전이 차라리 나은 카드였어요. 그래서 눈물을 머금고 수도 이전에 찬성을 합니다. "대걸레로 엉덩이 맞을래? 아니면 꿀밤 맞을래?" 하면 당연히 꿀밤을 맞겠지요.

그런데 이런 효문제의 강력한 중국 한족화는 결국 북위의 멸망을 재촉합니다. 한족화를 당연히 북위 내부에서 엄청나게 반발을 했겠지요. 생각해보세요. 우리 일제 강점기 때 어땠나요? 일본이 강제로 조선어 사용 금지, 성씨도 바꿔버리고 모든 걸 일본화하려고 했을 때 엄청난 반발을 했잖아요. 똑같았어요. 너무 급진적인 한족화를 추진했던 효문제가 죽고 난 후 북위는 서서히 무너지기 시작했어요.

중국 최고의 서예가, 서성 왕희지

반면 남조의 역사에서는 딱 두 사람만 기억하면 됩니다. 당시 남조의 한족 분위기는 "세상 참 허무하다. 열심히 살아 뭐하냐? 그냥 먹고 마시고 오늘을 즐기자!"라는 좋게 말하면 낭만주의, 나쁘게 말하면 허무주의가 팽배했답니다. 그런 분위기는 아이러니하게도 수많은 예술작품들을 만들어냈어요. 술 한잔 하고 나면 입에서 멋진 시 하나가 나왔답니다. 또 술 한잔 하고 붓 하나 잡으면 레오나르도 다빈치 뺨치는 그림 하나 나온 것이죠.

첫 번째 인물은 바로 '중국 서예의 아버지'라고 불리는 왕희지(王羲之)입니다. 중국인들은 왕희지를 서성(書聖) 즉, '서예의 성인'이라고 부를 정도예요. 지금의 중국 소흥시 외곽에 '난정(蘭亭)'이란 정자를 지어놓고 매일 술을 마시며 시를 썼어요. 서기 353년, 이 난정에 시인 친구들 41명을 초대해 낮술 한잔 때렸답니다. 흐르는 개울에 술잔을 띄운 후 그 술잔이 자기 앞에 오면 '벌'로 시 한 수 읊는 '한량 생활의 끝판' 이벤트를 한 것이죠.

이 이벤트에서 나왔던 시를 모아서 책 한 권으로 묶었고 왕희지가 그 맨 앞에 머리말을 썼는데 그 머리말을 〈난정서(蘭亭序)〉라고 불러요. 중국 서예의 국보 중 국보랍니다. 나중에 당나라 태종(이세민)이 왕희지를 너무 존경한 나머지 그 〈난정서〉를 자기 무덤에 같이 넣어달란 유언까지 남겼답니다. 안타깝게도 그 무덤은 나중에 도굴이 돼요. 그래서 현재는 오

왕희지가 쓴 〈난정서〉의 일부분

리지널 〈난정서〉는 사라진 상태랍니다.

두 번째 인물은 바로 시인 도연명(陶淵明)입니다. "도연명? 그게 누구지?" 갸우뚱해도 아마 그의 시는 아실 겁니다. 그의 시가 바로 〈귀거래사(歸去來辭)〉입니다. "아니, 〈귀거래사〉는 가수 김신우가 부른 가요 아니야?" 하실 수도 있어요. 가요 제목 맞습니다. 가수 김신우가 도연명의 시 제목에서 노래 제목을 빌려온 것이랍니다. 도연명은 원래 공무원이었어요. 하지만 당시 남조 시대는 사회가 엄청 부패했거든요. 쥐꼬리만 한 월급을 받기 위해 상사에게 굽신거리고 뇌물까지 줘야 한다는 사실에 큰 자괴감이 든 도연명은 다 때려치우고 고향으로 내려가 매일 술만 마시고 시를 쓰며 살아갑니다. 그때 쓴 시가 바로 〈귀거래사〉예요. 말 그대로 '고향으로 돌아가면서 쓴 시'랍니다. 도연명은 매일

중국을 대표하는 시인 도연명

같이 술을 마시고 시를 쓰고 그다음 날 일어나 맨 정신으로 어젯밤 술에 취해 쓴 시를 조금 고치고 또 술을 마시고 또 시를 쓰고 그다음 날 수정하고, 이를 반복한 것으로 유명한 술꾼이자 시인이었답니다. 도연명이라고 매일 술을 마시고 싶었겠습니까? 그만큼 당시 중국 남조 분위기가 아수라장이었다는 증거지요.

수나라에 의해
다시 통일되는 중국

중국 북쪽은 5개의 오랑캐가 16개의 나라를 만들어 개판을 만들었던 오호십육국 시대를 거치며 '북조'란 시대가 시작됐고, 중국 남쪽은 쫓겨온 사마씨의 진나라가 동진이란 나라를 세우고 또 그 동진이 망하면서 4개의 나라가 연속으로 세워지고 망하는 '남조'란 시대가 시작됐다고 말씀드렸죠?

이 서기 420년 시작된 중국의 남북 분열 시대, 남북조 시대는 서기 589년 수(隋)나라에 의해 또 다시 통일이 됩니다. 거의 150년 만에 다시 중국이 하나로 통일된 것이죠. 이게 중국 역사에서 정말 중요한 사건이었어요. 왜? 그때 통일된 중국이 지금까지 그 통일을 유지하고 있으니까요. 수나라는 양견(楊堅)이란 사람이 건국했고 그 양견이 중국을 다시 통일시키거든요. 이 양견이란 인물은 중국사에서 거의 '진시황'과 동급의 어마무시한 인물로 다뤄진답니다.

특히 서양에서 그렇게 생각해요. 왜냐하면 한때 유럽을 하나로 통일한 고대 로마는 한 번 망하고 분열된 후 유럽은 다시는 하나로 통일이 된 적이 없잖아요. 그래서 지금도 영국, 독일, 프랑스 등의 나라로 갈라져 있잖습니까? 그런데 양견이 서기 589년 중국을 다시 통일한 후 중국은 그 이후로 다시는 쪼개진 일이 없기 때문입니다. 물론 당나라가 망한 후 잠시 혼란기는 있었지만요. 만일 양견이 그때 수나라로 중국을 통일하지 못했다면 지금 중국은 유럽처럼 산동공화국, 광동민국, 상해인민공화국 등으로 완전 다른 나라로 쪼개졌을 겁니다.

자, 그럼 양견이란 인물은 누구고 어떻게 중국을 다시 통일시켰는지 알아봅시다. 일단 북조 때 북위라는 나라가 16개의 오랑캐 나라들을 하나로 통일시켰다는 건 기억하시죠? 그런데 그 나라의 효문제란 '선비족' 황제가 한족 문화를 사랑한 나머지 나라 전체를 한족화했고 그 과정에서 반발이 일어나 북위가 슬슬 기울기 시작했다는 것까지 말씀드렸습니다. 북위는 그러다가 결국 '북주(北周)'와 '북제(北齊)' 두 나라로 쪼개져요. 우리의 주인공 양견은 북주의 귀족 출신이었습니다.

귀족이자 정말 뛰어난 군인이었던 양견은 북주 황제에게도 탐나는 멋진 사람으로 보였어요. 그래서 황제가 제안을 하지요. "이보시오, 양견. 당신의 딸과 내 아들을 결혼시킵시다"라고요. 그리고 둘이 결혼을 합니다. 그 말은? 양견은 북주 황제의 사돈이 된 것입니다! 그리고 양견의 딸과 결혼한 사위는? 맞아요. 현직 황제의 아들이니까 태자고 그 태자는 바로 북주의 다음 황제가 됩니다! 그 말은? 양견은 북주 황제의 장인어른이 된 겁니다.

황제의 장인이면 좀 쉬엄쉬엄 집에 앉아 놀면서 살 수도 있었지만 양견은 그렇지 않았어요. 바로 다시 칼을 차고 전쟁터로 뛰어듭니다. 그리고 서기 577년 북부 중국의 또 다른 라이벌이었던 북제를 침공해서 멸망시킵니다. 우와! 그 말은 양견이 일단 북부 중국을 다시 통일한 겁니다. 그럼 북주에서 양견의 인기는? 맞아요, 하늘을 찌릅니다. 슈퍼스타가 된 것이죠.

그런데 북주의 새 황제가 된 양견의 사위는 국정을 돌볼 생각이 전혀 없는 멍청한 황제였어요. 매일 술, 고기, 여인들에 싸여 띵가띵가 파티만 여는 놈팡이었답니다. 결국 황제 자리에 오른 지 1년 만에 어린 아들에게 황제 자리를 물려주고 자기는 황제 자리에서 내려옵니다. 황제 자리도 거추장스러웠던 것이죠. 그냥 편하게 매일 술이나 마시고 놀려고 감투를 벗어던진 겁니다. 그리고 매일 술 퍼마시고 놀다가 1년 후에 병에 걸려 죽어버립니다.

다음 황제는 겨우 7살. 이 황제는 양견에게? 그렇죠. 외손자가 되는 것이죠. 새로 황제가 된 외손자가 너무 어리다 보니 양견이 실질적으로 북주란 나라를 통치하게 됩니다. 그리고 '내가 진짜 황제가 되면 정말 나라를 잘 다스릴 수 있는데'란 생각에 서기 581년, 외손자 황제에게서 황제 자리를 물려받는 형식으로 스스로 황제 자리에 오릅니다. 그리고 나라 이름을 수(隋)로 바꿔버려요. 이 사람이 바로 수나라를 건국한 문제(文帝)입니다. 그래서 역사에선 양견을 수문제(隋文帝)라고 부른답니다. 기억하세요. 아직까지는 북부 중국만을 통치하던 수나라였어요.

'아니? 이거 황제의 외할아버지가 외손자 자리 빼앗은 쿠데타 아니야?'

라고 생각하실 수도 있습니다. 하지만 양견은 진짜 자기가 황제가 되면 백성들을 더 행복하게 살 수 있게 만들 수 있다고 믿고 정권을 빼앗은 겁니다. 실제로 양견은 '중국이 두 나라로 분열되어 있으면 백성만 고생이다'란 생각에 중국 남쪽, 즉 남조(송, 제, 양, 진)의 마지막 국가인 진(陳)나라를 공격하여, 서기 589년에 멸망시킵니다. 바로 중국이 다시 하나로 통일된 순간이었습니다.

수나라로 중국을 다시 통일시킨 문제(文帝)가 보기에 중국에는 참 문제(!)가 많았습니다. 일단 지방 관리들을 지방 유지들이 추천하는 것이 문제의 눈에 거슬렸어요. 그러면 지방은 '그놈이 그놈인 놈들'이 그놈들끼리 다 해먹는 그놈들만의 세상이었겠지요. 그래서 문제는 이 '문제'를 해결하기 위해 국가가 일정한 시험을 실시해서 그 시험을 통과한 사람을 국가가 임명해서 지방으로 발령하는 제도를 만듭니다. 맞아요, 그 이후 중국에 1,300년 이상 실시되고 우리나라에서도 실시된 '과거제도'의 시작이었습니다.

문제는 "근검절약만이 살 길이다"란 구호 아래 본인 스스로 옷부터 먹는 음식까지 철저하게 검소한 모습을 보입니다. 실제 밥을 먹을 때도 반찬 딱 한 가지로만 밥을 먹었어요. 황제가 구제 만 원짜리 셔츠를 입고 다니는데 신하가 감히 이탈리아 명품을 입을 수 없지요. 이렇게 20년 동안 수문제는 자기가 세운 나라 수나라

수나라의 초대 황제, 수문제

를 안정적으로 운영합니다. 먹고살기에 여유가 있으면? 그렇죠. 아이들을 많이 낳겠죠. 수문제 때 중국 전체 인구가 처음으로 5,000만 명에 육박합니다.

그런데 수문제에게 '문제'가 딱 하나 있었어요. 바로 자식 문제였습니다. 그리고 그 자식 문제의 중심에는 '무서운' 부인이 있었어요. 부인, 즉 황후 이름은 독고가라(獨孤伽羅). "니가 가라, 하와이" 아닙니다. 남편인 수문제를 옆에서 정말로 극진히 내조해준 좋은 부인이었어요. 하지만 딱 한 가지는 용납을 못했습니다. 바로 남편의 바람! 원래 중국 황제들은 수천 명의 후궁을 둘 수 있었거든요. 그런데 수문제는 부인의 바가지에 후궁이 없었어요. 오직 '부인'만을 바라보고 살았어요. 독고가라 황후는 자기 아들들, 그리고 신하들에게도 "바람피우는 것은 죄다"라고 주입할 정도였어요.

수문제에게는 총 5명의 아들이 있었어요. 당연히 장남 양용(楊勇)이 태자(다음 황제)로 정해졌어요. 그런데 문제는 이 큰아들이 부인을 놔두고 바람을 피우기 시작한 겁니다. 자유로운 영혼이었던 것이죠. 이런 모습을 본 엄마 독고가라는 격분을 해요. 그리고 결국 태자 자리에서 쫓아내 버립니다.

그런 모습을 가만히 지켜보던 사람이 있었어요. 바로 수문제의 둘째 아들 양광(楊廣)이었어요. 정치적 야망이 어마무시했던 인물이었는데 자기가 황제가 되기 위해 무슨 짓도 할 인간이었어요. 그런데 마침 형이 태자 자리에서 쫓겨났네? 양광은 부모에게 어필하기 시작했어요. "절 새로운 태자로 점 찍어주세요"라고요. 엄마 독고가라가 바람피우는 것을 싫어한다고 했지요? 여자에 전혀 관심 없는 척합니다. 그리고 아빠 수문제는 사치를 싫어한다고 했지요? 거의 누더기를 입고 다닙니다. 한번은 부모와 군사 훈련을 보러 나갔는데 비가 내리기 시작했어요. 양광에게 우산을 쓰라고 했는데 양광은 우산을 거부합니다. 왜? 이런 눈물겨운 명언을 남깁니다. "병사들이 다 비를 맞고 있는데 제가 어찌 우산을 쓰겠습니까?"란 명언을요.

이런 양광의 눈속임 작전으로 결국 양광은 태자가 되는 데 성공합니다. 그러곤 엄마 독고가라가 죽자, 이제 눈치 볼 사람이 없잖아요. 바로 바람 피우기 시작해요. 심지어 자기 아빠 수문제의 후궁까지 겁탈하려고 했어요. 당연히 수문제는 이런 양광의 모습에 어떤 말을 머리에 떠올립니다. "미.친.놈." 그리고 "내가 저 인간한테 속았다. 괜히 태자 만들어줬네"라고 후회를 해요. 그리고 태자 자리에서 양광을 끌어내리려고 해요. 양광이 가만있었을까요? 아니죠. 아빠 수문제를 죽여버리고 이참에 자기의 경쟁자 큰형 양용도 죽여버리고 자기가 황제 자리에 오릅니다. 이 인간이 바로 우리 고구려 역사에도 등장하는 수나라 2대 황제 수양제(隋煬帝)입니다. 서기 604년의 일입니다.

아시다시피 이 수양제는 자기 아빠 수문제가 쌓아놓은 국고를 다 탕진해버리고 수나라를 10여 년 만에 멸망시킨 중국 역사상 최악의 황제 중 한 놈이랍니다. 중국인들도 그렇게 생각했는지 양광의 시호(황제나 왕이 죽은 다음 주는 이름)를 양제(煬帝)라고 지어줍니다. 여기서 양(煬)은 '불 질러 다 태워버리다'란 뜻이거든요. 이 인간이 수나라를 다 불 질러 태워버린 황제라는, 거의 욕이랍니다.

수나라를 말아먹은
수양제

수양제는 황제가 되자마자 어마무시한 토목공사를 시작합니다. 바로 중국 북부와 남부를 연결하는 '대운하' 건설이었습니다. 사실 이 대운하 건설은 아빠 수문제 때도 이미 추진된 적 있어요. 오랫동안 중국이 남과 북으로 갈라져 있었잖아요. 그 남과 북을 하나로 잇는 '고속도로' 건설의 필요성을 느꼈던 겁니다. 그리고 남쪽이 따뜻하고 비도 자주 와서 농사가 잘되었어요. 그 남부에서 생산되는 쌀 같은 곡식을, 춥고 농사도 잘 안 되는 북부로 실어 나르는 통로가 필요했던 것이죠. 하지만 수문제는 건설 견적서를 받아 보고 '이거 돈이 너무 많이 들고 백성들 고통이 너무 클 것 같다'라고 생각해 건설 계획을 백지화했답니다.

수나라제2대 황제 수양제

그걸 아들 수양제가 이어받아 대운하 건설에 들어간 겁니다. 양제는 건설비가 얼마 들건, 인부들이 얼마나 죽어나가건, 그대로 공사를 강행합니다. 대운하 공사는 605년에 시작해서 610년에 마무리가 되는데 중국 북부와 남부를 연결하는 총 길이 2,500킬로미터의 어마어마한 규모의 운하였어요. 서울과 부산을 5번 왕복하고도 남는 길이랍니다. 이 공사가 얼마나 대단한 공사였냐면 수양제가 건설한 대운하가 아직도 중국에 남아 있고 실제로 물류 이동을 하는 데 쓰이고 있을 정도예요. 실로 중국 역사에 진시황의 만리장성과 더불어 양대 토목공사로 기록되어 있습니다.

문제는 이 대운하를 만들면서 수많은 인부들이 죽어나갔어요. 운하 공사장 변에 사고로 숨진 인부들의 시신이 산을 이루었다고 해요. 그럼에도 불구하고 수양제는 이 대운하 변에 자기가 먹고 마시고 놀 별궁을 40개 이상 건설했고 또 대운하 위에서 수시로 배를 띄워 '물놀이'를 했는데 배 한두 척이 아니라 한 번 물놀이할 때마다 수백 척의 배를 동시에 띄우는, 초호화판 정신 줄 놓은 엽기적 파티를 벌였어요. 이제 슬슬 나라 망하는 소리가 들리죠.

수양제가 결정적으로 나라를 말아먹은 계기가 된 건 바로 우리 역사에도 등장하는 '고구려 정벌'이었어요. 중국이 오호십육국, 남북조 등으로 나라가 쪼개져서 서로 치고받고 싸울 때 한반도에서는 고구려, 백제, 신라가 '중국의 간섭' 없이 독자적으로 국력을 키우고 있었답니다. 우리로선 중국의 오호십육국, 남북조가 고맙죠. 우리나라 삼국시대가 정착할 수 있게 어찌 되었건 도움을 준 것이니까요.

하여간 이제 중국은 수나라로 통일이 되었고 통일 수나라의 입장에선 한반도가 슬슬 눈에 들어오기 시작한 겁니다. 특히 지금의 만주 지역에 신흥 강자로 떠오르며 수나라와 국경을 마주한 고구려라는 나라가 신경이 많이 쓰였어요. 그래서 수양제는 고구려를 치긴 쳐야 하는데 명분이 딱히 없었지요. 그러다 아이디어 하나를 떠올립니다. 바로 고구려에 "어이, 고구려! 우리 중국 수나라가 그래도 형님 나라니까 우리나라에 인사하러 와!"란 요구를 해요. 고구려는? 당연히 "미친 X. 웃기고 있네. 야! 오려면 너희가 와!"라고 수나라의 요구를 단호히 거절합니다.

수양제는 "됐다. 이게 명분이다"라며 무려 110만 명의 대군을 이끌고 고구려를 정벌하러 떠납니다. 어마어마한 숫자의 군대였어요. 110만 명이 모두 중국을 출발하는 데만 거의 한 달이 걸렸습니다. 수나라의 공격 루트는 총 2개였어요. 요동반도 쪽으로 가서 요동성을 치고 육로로 내려가 고구려 수도인 평양성을 함락시키는 루트 하나. 동시에 산동반도에서 병사를 배로 실어 서해를 거쳐 우리나라 서해안에 상륙시켜 밑에서 평양성을 공격하는 루트 하나. 이 두 개의 공격은 거의 동시에 이루어져야 성공하는 거였답니다.

그런데 서해를 거쳐 서해안에 상륙한 수나라군의 사령관이 욕심이 난 겁니다. 원래 북쪽에서 수나라 육군이 평양성에 도착하면 그때 힘을 합쳐 공격을 해야 했는데 "이 정도 성이면 내 병사로도 충분하다"란 오판을 내려 단독 작전을 하다 고구려군에게 거의 괴멸을 당해요. 이 소식을 수양제가 듣고 뚜껑이 열립니다. "이 자식이! 내가 분명히 기다리라고 했는데!" 그러면서 요동반도에서 고구려 육군과 싸우고 있던 수나라군에게 명령을 내립니다. "다 됐고. 그냥 평양성으로 내달려가 빨리 평양성부터 함락시켜!"라고요.

지금처럼 차 타고 이동하는 것도 아니고 수나라 병사들은 거의 '달려서' 평양 쪽으로 이동을 해요. 그러면 당연히 기진맥진하지요. 그걸 고구려의 장군 '을지문덕'이 파악했어요. 그러면서 평양성을 향해 달려오던 수나라군에게 이런 제안을 합니다. "이제 그만 노여움을 푸세요. 우리 고구려가 사신을 형님 수나라에 보내 인사를 드릴게요." 그만 돌아가세요"라고요.

그 제안을 들은 수나라군. 이미 지칠 대로 지쳐서 입안에서 단내가 나는 상황인데 '알아서 인사하러 온다고 하니' 을지문덕의 그 말을 믿고 "그냥 갈까?" 하고 오던 길에서 유턴해 다시 북쪽으로 돌아갑니다. 그러나 그건 을지문덕의 함정이었습니다. 지친 발걸음으로 북쪽으로 돌아가던 수나라의 30만 대군이 살수(薩水, 지금 북한의 청천강)를 건널 때 수공을 펼쳐 거의 모두 수장을 시켜버립니다. 이것이 그 유명한 살수대첩(薩水大捷)이랍니다. 살수에서 살아 돌아간 수나라 병사는 채 2,000명도 안 되었다고 해요. 이것이 수나라의 '1차 고구려 원정'입니다. 대실패였죠.

1차가 있으면 2차 원정도 있겠지요? 1차 고구려 원정 대실패 이후 자존심에 스크래치가 있는 대로 간 수양제. 서기 614년에 다시 고구려 공격에 들어갑니다. 그런데 이번엔 분위기가 좀 달랐어요. 수나라 민중 사이에서 "끌려가면 다 죽는다"란 분위기가 팽배했던 겁니다. 1차 원정 때 110만 대군 가운데 무려 30만 명이 물에 빠져 죽었는데 그게 소문이 안 났겠습니까? 오죽했으면 당시 수나라에선 "고구려에 끌려가 개죽음당하지 말자"란 노래까지 유행을 했답니다.

그런데 그 따위를 신경 쓸 수양제가 아니었지요. 민중이 반대하건 말건 다시 병사들을 일으켜 고구려 정벌이 들어갑니다. 여러분 같으면 순순히 죽으러 끌려가겠습니까? 아니죠. 수나라 곳곳에서 농민 반란이 일어나요. 끌려가면 사망률 거의 100%인데 강제로 끌려가기 전에 당연히 반란이라도 한번 일으키고 싶었겠지요. 그래서 수양제는 국내 반란을 진압하

기 위해 고구려로 가다 다시 '빠꾸'를 해서 수나라로 돌아와 일단 반란부
터 진압을 합니다.

그러나 한번 시작된 농민 반란은 점점 더 번져갑니다. 수양제의 대규모
대운하 건설 때부터 쌓여왔던 불만과, 계속되는 고구려 원정 실패에 수
나라 민중들은 "더 이상 못 참겠다. 갈아엎자!"가 된 것입니다. 전국에서
농민 반란이 일어나자 수양제는 일단 수도에서 도망칩니다. 그리고 남부
중국으로 튀어버려요. 그러다가 수양제는 도주 중에 자기의 경호실장에
살해를 당해요. 경호실장이 칼을 뽑고 자기를 겨누자 수양제는 이런 헛
소리를 했어요. "이 역모의 주동자가 누구냐!"라고요. 그러자 경호실장이
뭐라고 했는지 아세요? "온 세상이 다 당신에게 등을 돌렸는데 주동자가
어찌 한 명이겠나! 어서 죽어라!"라고 했답니다. 그렇게 수양제는 생을
마감합니다. 나이 50살. 서기 618년이었습니다. 수나라가 멸망한 순간
이었어요. 맞아요, 수나라는 겨우 38년 동안 유지가 됩니다. 황제는 단 2
명. 성군 수문제, 그리고 폭군 수양제.

중국 역사상 최강의 제국, 당나라 탄생하다!

무리한 고구려 침공으로 온 나라에서 반란이 일어난 수나라. 그
리고 수양제는 수도를 버리고 남쪽으로 도망을 갔다고 했죠? 그러자 지
방의 귀족들과 힘 좀 쓴다는 지방 유지들은 '이 기회에 나도 한번 권력 잡

아봐?'란 생각을 했어요. 당연하죠. 일단 황제는 수도를 비우고 도망갔으니 그 수도에 들어가 궁에서 "이제부터 내가 황제다!" 하면 끝이니까요. 그런 어수선한 분위기에도 오히려 "이럴 때일수록 황제 말씀 잘 듣고 황제께 충성을 해야 올바른 신하다!"라고 외치던 인물이 하나 있었습니다. 눈물겹죠.

바로 지금 중국 낙양(당시 수나라 수도) 북쪽에 위치한 태원(太原)이란 동네 행정 책임자로 있었던 이연(李淵)이란 사람이 그 '충신'이었답니다. 태원은 수나라 북쪽 국경 도시로 유목 민족들과 대치하던 곳이었기 때문에 이연은 상당히 많은 병사를 데리고 있었어요. 그런데도 그 병사들로 수도를 쳐서 권력을 잡을 생각은 안 하고 "황제에게 충성을 다하자!"를 외치던 인간이었답니다. 맞아요, 이 이연이 바로 수나라를 멸망시키고 당나라를 세운 사람입니다. 아니, "수나라 황제 만세!"를 외치던 인물이 왜 갑자기 황제를 배신했을까? 지금부터 설명 들어갑니다.

수나라가 개판이 되고 있던 것을 북방의 유목 민족들도 보고 있었어요. 그리고 '우리도 이 기회에 다시 중원에 나가볼까?'라는 생각을 했어요. 그리고 실제로 일부 오랑캐들이 수나라 국경을 넘어 남쪽으로 치고 들어옵니다. 그러면 가장

당나라의 초대 황제가 된 이연

먼저 만나는 도시는? 맞아요, 국경 도시였던 태원. 바로 이연이 담당하던 곳이었죠. 이연은 치고 내려오는 오랑캐와 맞서 싸우다가 많은 병사들을 잃어요. 이 소식을 '도주 중'이던 수양제가 듣습니다. 수양제, 참 웃기는 인물입니다. 그 와중에 이연을 벌줄 생각을 할 정도로 깜찍하게 미친 인간이었어요.

이연은 더 이해 불가한 인물이었어요. 황제가 벌을 준다고 하니까 벌 받을 준비를 합니다. 즉, 죽을 준비를 순순히 한 것이죠. 그 '한심한' 모습을 누군가 뜯어말렸어요. 바로 이연의 둘째 아들 이세민(李世民)입니다. "아버지, 미쳤소? 지금 벌 받으러 가면 개죽음이요! 아버지, 그러지 말고 우리도 반란에 동참합시다! 이제 수나라는 끝났소!"라고 외쳐요. 그러자 아버지 이연은 뭐라고 했을까요? "네 이놈! 내 아들이 역적이구나! 내가 너를 경찰에 신고하겠다!"라고 했습니다. 참으로 눈물겨운 충신이었죠. 그러자 아들 이세민은 "아버지가 저를 국가보안법 위반으로 경찰에 신고 하신다면 기꺼이 잡혀 가겠습니다. 하지만 아버지! 두 눈을 크게 뜨고 현실을 똑바로 보세요!"라고 계속 설득을 해요.

아들이 죽음을 각오하고 설득을 하니 아버지도 결국 설득당하고 맙니다. 드디어 서기 617년, 이연은 자기 아들들과 함께 수나라에 반기를 듭니다. 하지만 주변 지방을 돌면서 반란군을 적극적으로 모은 사람은 이연이 아니라 그의 둘째 아들 이세민이었습니다. 이세민의 화려한 언변과 설득력으로 이연의 반란군이 수나라 수도에 도착했을 때 반란군의 수가 이미 20만 명을 넘었습니다. 이세민은 또한 아버지 이연의 경쟁 상대가 되는 '또 다른' 반란군을 직접 군대를 이끌고 종횡무진하며 차례차례로 격파하며 아버지 이연이 손쉽게 수도로 들어가도록 도와주었답니다.

황제가 이미 도망가 황제 없는 수나라 수도에 들어간 이연은 수양제의 손자를 수나라의 새로운 황제 자리에 일단 '잠깐' 앉혔다가 '황제 자리'를 넘겨받는 세리머니를 한 후 황제가 됩니다. 바로 그냥 황제가 되면 명분도 없고 좀 그렇잖아요. 그래서 수양제의 어린 손자를 일단 황제로 만들고 그 황제 자리를 자연스럽게 물려받는 형식을 취한 겁니다. 정치는 뭐다? 맞아요. 명분입니다. 하여간 그리고 나라 이름을 수나라에서 당(唐)나라로 개명해요. 서기 618년의 일이었습니다.

형제끼리
권력 다툼을 하다

새 나라 당나라의 초대 황제가 된 이연은 큰아들인 이건성(李建成)을 태자로 임명을 했는데요. 이름이 건성이라고 해서 인생을 건성으로 산 건 아닙니다. 하여간 이게 큰 문제가 됩니다. 큰아들이 태자가 되는 건 당연해요. 큰 결격 사유가 없는 이상 말이죠. 문제는 둘째 아들 이세민의 공이 너무도 컸다는 겁니다. 사실 당나라를 이세민 혼자 원맨쇼로 건국했다 해도 과언이 아닐 정도였으니까요. 처음부터 아버지 이연을 설득해서 반란을 일으키자고 한 것도 이세민, 아버지의 경쟁자들을 다 물리친 것도 이세민이었으니까요. 그런데 아버지는 큰아들을 태자로 앉힙니다. 단지 큰아들이란 이유 때문요. 둘째 아들 이세민은 속에서 불이 끓어오르기 시작해요.

이런 이세민의 야망을 큰아들 이건성도 눈치를 챕니다. '저 인간 가만 놔두었다간 내가 당하겠다'란 두려움이 든 것이죠. 그래서 건성 측에서 먼저 '세민 제거' 작전에 들어가요. 그런 작전에 말려들 이세민이 아니었 지요. 선수를 칩니다. 아버지 이연, 즉 당나라 초대 황제를 찾아가서 "아 버지 폐하! 건성이 형이 저를 죽이려 하고 있습니다. 전 죄가 없습니다. 억울합니다!"라고 읍소를 합니다. 그 소리를 들은 아버지 이연은 깜짝 놀 라 당장 내일 태자를 궁에 들어오라고 해요. 둘을 '대질 심문'해보겠다는 것이었지요. 그러나 이건 모두 이세민의 작전이었습니다.

궁에 들어가기 위해서는 현무문(玄武門)이란 문을 통과해야 하는데요. 그 문을 통과하려면 호위 무사들을 다 문 밖에 두고 들어가야 하고 또한 들어가는 사람도 모두 무장해제를 하고 들어가야 했어요. 아무리 태자라 고 해도 법은 법. 태자 이건성도 문을 통과하기 위해서 모든 무기를 다 놓 고 들어갑니다. 그때 성문 위에서 고함 소리가 들려옵니다. "형! 형님!"이 라고요. 이건성이 성문 위를 쳐다보는 순간, 이세민은 형 건성을 향해 화 살을 쏴요. 이건성은 동생이 쏜 화살을 맞고 죽어요. 예, 동생이 형을 죽이 는 순간이었답니다.

그때 아버지 이연은? 한가로이 호수에서 물놀이를 하고 있었답니다. 이세민은 측근 부하를 이연에게 보내서 이 사실을 알립니다. 아버지 이 연은 깜짝 놀랐지만 할 수 있는 일이 하나도 없었어요. 한순간에 당나라 권력이 이연에서 이세민으로 넘어가는 순간이었습니다. 태자까지 궁 안 에서 화살로 죽여버리는 인간이니 아버지라고 봐줄까요? 겁에 질린 이연은 이세민에게 바로 황제의 자리를 물려주고 자기는 스스로 '쫓겨납니다.' 사실상 당나라는 애초부터 이연이 세운 나라라기보다 이세민이 세운 나라라고 해야 해요. 형제를 죽이고 또 아버지 이성계를 몰아내고 왕이 된 조선 태종 이방원과 거의 싱크로율 100%랍니다. 이세민은 당나라 태종, 즉 당태종이 됩니다. 앗, 그러고 보니 이방원도 태종이고 이세민도 태종이네요! 하여간 서기 626년의 일이었습니다.

친형까지 죽일 정도로 잔인했지만 이세민은 아주 똑똑했어요. 동서고금을 막론하고 나라를 다스리는 데 가장 중요한 건 뭐다? 맞아요. 바로 여론입니다. 당시 당나라의 여론은 이세민에게 조금 불리하게 돌아갔답니다. 당연하지요. 동생이 형을 죽이고 아버지를 가둬버리고 황제 자리를 빼앗았는데 여론이 좋을 리 없죠. 이세민은 이 좋지 않은 여론을 급반전시키기 위해 묘수를 둡니다. 바로 '반대파 끌어안기'였어요. '나를 반대한 인간들'이라고 다 죽여버리면 속이야 시원하겠지만 백성은 "와, 완전 권력에 미친놈이다"라고 욕을 하겠지요. 그걸 이세민은 파악했던 거예요. 형인 이건성과 그 가족들만 죽여버리고 이건성을 따랐던 '이건성파'들은 다 자기편으로 끌어들여요.

그 대표적인 케이스가 바로 '위징(魏徵)'이란 인물인데요. 이건성의 최측근이자 브레인이었습니다. 위징은 처음부터 이세민의 야욕을 눈치챘어요. 그래서 이건성에게 계속 요청합니다. "이세민을 죽여야 합니다! 당장 죽이세요!"라고요. 하지만 이건성은 그런 위징의 요구를 무시해요. '설마, 동생이 형을 죽이겠냐'란 생각이었답니다. 그런데 결국 위징의 말이 맞았잖아요. 저승길에서 울면서 후회했을걸요. "위징의 말을 들을걸"

중국을 통일한 당태종 이세민

이라고요.

하여간 이 위징이 이세민 앞으로 끌려왔답니다. 이세민은 호통을 쳤어요. "네 놈이 건성이 형한테 나를 죽이라고 읍소를 한 인간이냐?"라고요. 보통 인간이라면 이런 상황에서 바로 엎드려 "죽을죄를 지었습니다. 목숨만 살려주십시오" 하잖아요. 그런데 위징은 당당하게 "내가 그랬소. 태자 이건성이 내 말만 들었어도 그 자리에 당신은 없었을 것이요"라고요. 그 말에 이세민은 충격을 먹습니다. "뭐가 이리도 당당하단 말인가" 하고요. 그리고 "저 사람은 꼭 내 사람으로 만들어야겠다"라고 결심합니다. 결국 이세민은 한때 자기를 죽이려고 한 위징뿐 아니라 모든 반대파를 다 자기 품으로 끌어들입니다.

수나라가 대운하 건설 같은 무리한 토목공사로 망하는 걸 두 눈으로 똑똑히 지켜본 당태종은 재임 기간 절대로 무리한 토목공사를 하지 않습니다. 그리고 흉년이 들면 바로 세금을 깎아주고 먹고살 길이 없는 백성은 자기 개인 황실 재산까지 털어서 지원을 해줘요. 맞습니다. 비록 형제를 죽이고 황제 자리에 올랐지만 정치 하나는 정말로 백성을 위한 정치를 펼쳤답니다. 깐깐한 위징의 말도 잘 듣고요. 그래서 중국인들은 당태종 이세민을 성군(聖君)으로 존경한답니다. 위징이 당태종에게 늘 했던 말이 있어요. "백성은 물과 같습니다. 물은 배를 띄울 수도 있지만 배를 침몰시킬 수도 있지요. 물고기는 물이 없으면 죽지만 물은 물고기가 없어도 그냥 물입니다"란 말. 당태종은 평생 이 말을 가슴에 새기고 살았어요. 배를 띄울 수도 전복시킬 수 있는 물, 물고기를 죽이고 살릴 수 있는 물, 바로 백성이란 말을요.

실패한
고구려 원정

당태종이 위징 등 주변인들의 조언을 귀 기울이며 정치를 한 결과 당나라는 동아시아 최강국으로 떠오릅니다. 그런데 이런 당나라에 고개를 숙이지 않는 건방진 나라가 하나 있었어요. 바로 만주 지역과 한반도 북부를 장악한 고구려였습니다. 당태종은 고민 끝에 고구려 정벌을 결정해요. 하지만 신하들은 태종을 뜯어말렸습니다. "수나라 기억 못하세요? 수양제! 무리하게 고구려 정벌하다 망했잖아요!"라고요. 하지만 태종은 달리 생각했어요. 수양제 때와는 달리 이미 여러 지역 오랑캐 토벌로 군사력 만렙이 되었고 민심 또한 자기에게 엄청나게 우호적인 상태란 생각이었어요. 그걸 떠나서 당나라 동쪽에서 무섭게 크고 있는 고구려를 마냥 놔둘 수도 없었던 것도 현실이었어요. 이때 위징은 어떤 조언을 했을까요? 안타깝게도 태종이 고구려 원정을 결정하기 1년 전 위징은 죽었어요.

당태종이 황제가 된 지 19년 되던 해인 서기 645년. 당태종은 10만 대군을 이끌고 고구려를 침공합니다. 요동반도의 고구려 성들은 차례차례 각개격파로 당태종에게 백기를 듭니다. 무서운 기세로 고구려 영토로 들어간 당나라군은 한 곳에서 갑자기 스톱을 합니다. 영화로도 만들어진 바로 '안시성(安市城)'에서였습니다. 안시성의 고구려군은 당태종의 공격을 무려 1년 가까이 막아냅니다. 이때 안시성의 성주 양만춘(楊萬春)이 쏜 화살이 당태종의 눈에 박혀버렸다는 이야기가 있는데 야사에만 있고 정사에는 그런 기록이 없답니다.

하여간 기세등등하던 고구려 정벌 계획이 안시성에 막혀 틀어지고 마침 들이닥친 요동반도의 미친 듯이 추운 겨울 동장군에 당태종도 결국 '일단 퇴각' 명령을 내려요. 안시성 성주가 쏜 화살에 부상을 당했다는 정식 기록은 없지만 당태종도 직접 말에서 내려 수레를 뒤에서 밀고 퇴각을 했다는 기록은 있는 걸 봐서 정말 힘겨운 퇴각이었던 것은 맞습니다. 힘겨운 퇴각을 하면서 당태종 이세민은 이런 말을 했다고 하죠. "위징이 살아 있었다면 도시락 싸들고 고구려 원정을 말렸을 텐데 안타깝다"란 말을요.

당태종은 1차 고구려 침공 시도 실패 이후에도 여러 차례 고구려 침공을 준비하다 갑자기 죽어버립니다. 서기 649년, 그의 나이 51살이었어요. 당태종이 죽자 일단 당나라의 고구려 침공도 올스톱이 돼요. 이건 나중 일이지만 당나라는 고구려를 다시 침공해서 결국 서기 668년, 고구려를 멸망시키고 맙니다. 신라와 손을 잡고요. 우리가 국사 시간에 배웠던 '나당 연합군(신라, 당나라 연합군)' 이야기랍니다. 하여간 중국의 성군 당태종 이세민, 살아생전 참 좋은 정치를 했지만 말년에 커리어 오점을 하나 남긴 것이 바로 실패한 고구려 침공이었습니다.

여자 황제가 등장하다!
측천무후

당태종 이세민이 갑자기 병에 들어 골골하고 있을 때 황태자 이치(李治)는 당연히 아빠 병문안을 자주 갔습니다. 그런데 아픈 아빠를 간호하고 있던 한 여인에게 '필'이 꽂히고 맙니다. 바로 아빠 이세민의 후궁이었던 무조(武照)였습니다. 엥? 뭐라고요? 맞습니다. 자기 아빠의 여인, 즉 어머니뻘의 여인을 사랑하게 된 겁니다. 기록에 따르면 아빠 당태종 이세민도 무조의 미모를 보고 후궁으로 뽑았을 정도의 미인이었다고 합니다.

아빠 당태종 이세민이 죽고 태자인 이치가 그다음 당나라 황제 고종으로 즉위해요. 서기 649년 일이었어요. 그리고 당나라 법에 따라 '아들을 낳지 못한' 태종의 후궁들은 다 머리를 깎고 절에 들어가 비구니가 됩니다. 무조도 이세민의 아들을 낳지 못해서 '감업사'란 절에 들어가 비구니가 됩니다. 무조가 비구니가 된 후에도 무조를 잊지 못한 고종은 몰래 절을 찾아 무조와 데이트를 해요. 그러던 중 무조가 다시 화려하게 궁에 복귀하는 일이 발생합니다.

당시 당고종에겐 왕씨 황후가 있고 소씨 숙비(당나라 후궁 중 가장 높은 타이틀)가 있었어요. 그런데 왕황후가 소숙비란 후궁을 어마무시하게 질투한 겁니다. 남편 고종이 자기보다 소숙비를 더 사랑하고 있다는 이유에서였습니다. '저 X을 없앨 수 있는 방법이 없을까?' 고민하던 왕황후. 남편인 고종이 절에 들어가 있는 무조란 여인을 몰래 사랑하고 있다는 걸알고 그 비구니를 이용하기로 해요. 비구니 무조를 궁으로 불러 '정식 후궁'으로 만들어버리면 남편은 더 이상 소숙비에 대한 관심을 끌 것이라는 계산을 한 거죠. 그래서 절에서 스님 생활을 하던 무조는 당당하게 다시 궁으로 복귀를 합니다.

그런데! 왕황후의 뜻대로 흘러가지 않았어요! 일단 계획대로 무조와 왕황후는 서로 힘을 합쳐 소숙비를 궁에서 쫓아내는 데 성공해요. 그러나 왕황후는 몰랐습니다. 자기가 데려온 무조가 고양이가 아니라 호랑이 새끼였다는 것을요. 처음부터 궁에 들어올 때 무조의 목표는 후궁 따위가 아니었습니다. 바로 황후! 황제의 정식 부인 자리였던 것이죠.

일단 소숙비를 날린 무조, 다음 타깃을 왕황후로 잡습니다. 마침 무조는 딸 하나를 낳은 상태였어요. 무조는 무시무시하게 자기 친딸을 이용합니다. 딸을 낳은 걸 축하하러 왕황후가 온다는 말을 들은 무조. 잔인하게 자신의 갓난 딸을 질식시켜 죽여버려요. 맞아요, 자기 친딸을요. 그러곤 밖으로 나가 숨어버립니다. 그때 왕황후가 방에 들어온 것이죠. 방에 아무도 없는 걸 본 왕황후는 '시간 약속을 잘 못 했나?' 하고 그냥 가버려요. 그 뒤 무조가 방에 들어와요. 그리고 쇼를 합니다. "아니! 내 아기! 내 아기가 죽었어! 이 방에 마지막으로 들어온 인간이 누구냐? 누구냐고!" 누구긴 누굽니까? 바로 왕황후였죠. 무조는 바로 이 일을 황제 고종에게 일러요. 그러곤 "왕황후가 내 딸을 죽였습니다! 왕황후가 질투에 눈 멀어 내 딸을 죽였어요!"라고 뒤집어씌웁니다. 멍청한 고종은 무조의 말만 믿고 "어찌 국모란 사람이 질투에 살인을 하다니!"라며 왕황후도 궁에서 쫓아내버립니다!

왕황후, 소숙비, 둘 다 궁에서 쫓아내버린 무조! 드디어 꿈에 그리던 황제의 정식 부인, 황후가 됩니다! 서기 655년, 무조의 나이 32살 때였습니다. 그리고 자기가 쫓아내버린 왕황후, 소숙비, 둘 다 죽여버립니다. 아예 '궁궐 컴백'의 가능성을 없애버린거죠. 둘은 죽기 전에 "내가 고양이로 태어나서 너를 물어 죽이겠다!"란 저주를 했다고 합니다. 무조가 쥐띠였거든요. 그 이후, 무조는 궁 안에서 정말로 고양이를 키우지 않았다고 해요. 또 둘은 "귀신이 되어 널 괴롭히겠다!"란 저주를 했어요. 그러자 무조는 둘의 시신을 술독에 담갔다고 합니다. "어디, 술 취한 귀신이 비틀비틀 걸으며 나를 잘도 찾겠다"란 저주였지요. 물론 고양이와 술독 이야기는 정사는 아니고 야사입니다.

하여간 무조의 야심은 거기서 그치지 않았어요. 바로 자기가 낳은 아들을 다음 황제로 만드는 작전에 들어갑니다. 이미 당고종에겐 황태자가 있었어요. 다른 후궁이 낳은 아들이었는데요. 심각한 '졸보'였어요. 어머니뻘인 왕황후와 소숙비가 비명횡사하는 장면을 목격했잖아요. 무조란 여자가 얼마나 무서운 여자인지 똑똑히 본 겁니다. 그래서 '다음 타깃은 나다'란 두려움에 휩싸였어요. 그러다가 찾아올지도 모르는 자객을 피하기 위해서 '여자 옷'을 입고 여장을 하고 다니기 시작했답니다. 그 꼴을 본 무조, 바로 남편 고종에게 고자질을 합니다. "저 따위 인간이 어찌 황제감이 될 수 있냐"라면서요. 고종은 "뭐? 여자 옷?"이라 격분을 하고 그 아들을 황태자 자리에서 쫓아버립니다. 그리고 무조가 낳은 큰아들을 새 태자로 임명합니다. 무조의 꿈이 이루어진 순간이었죠.

하늘은 과연 무조의 편이었을까요? 갑자기 고종이 슬슬 아프기 시작해 요. 황제가 골골하니까 무조가 "여보, 편히 쉬어요. 골치 아픈 정치는 제 가 대신할게요"라며 사실상 수렴청정에 들어가요. 당나라의 실세 권력을 쥔 무조. 그 뒤의 행보는 거칠 것이 없었습니다. 자기의 아들, 즉 지금의 태자가 "어머니, 거 너무하시는 거 아닙니까?"라고 권력욕에 대해 항의를 하자 자기 아들을 어찌했는지 아세요? 바로 독살해버려요. 그리고 자기 둘째 아들을 새 태자 자리에 앉힙니다. 그 새로운 태자가 보기에도 자기 친엄마의 행동이 너무 엽기적이었던 것이죠. 그래서 새 태자도 엄마에게 항명을 해요. 그래서 그 태자도 유배를 보내버립니다. 그리고 자객을 보 내 죽여버려요. 예, 친아들 둘을 죽인 겁니다. 하긴 처음에 갓난 딸도 질식 시켜 죽인 인간인데 뭘 못하겠습니까?

그러곤 말 잘 들을 것 같은 셋째 아들을 태자 자리에 앉혀요. 이 정도로 권력에 집착하는 건 거의 정신병 수준이죠. 하여간 이런 와중에 당고종 이 죽습니다. 서기 683년이었어요. 그리고 무조의 세 번째 아들이 당나 라 중종 황제로 즉위를 합니다. 이제부턴 좀 당나라도 조용해질까요? 그 럴 리가요. 중종은 가만있었어요. 그런데 이번엔 중종의 부인, 즉, 현직 황 후이자 무조의 입장에선 며느리가 날뛰기 시작했어요. 위(韋)씨 황후였 는데 자기 일가친척들을 다 국가 요직에 앉히려고 해요. 여기에 남편인 중종도 "내가 이 나라 황제인데 내 마음대로 할 거야!"라면서 부인 요구를 다 들어줍니다. 그 결과는? 무조는 중종 황제를 자리에서 끌어내려요.

지금까지 잘 따라오고 계신가요? '아들들의 반란'에 격분한 무조. 일단 네 번째 아들을 황제(예종)로 만든 후 가만히 생각해봅니다. '이런 식으로 아들들을 황제 자리에 올린 다음 내가 간접 통치를 하는 것보다 아예 대놓고 내가 직접 나라를 다스려봐?'란 생각에 네 번째 아들로부터 황제 자리를 '물려받는 형식'으로 '드.디.어' 자기가 황제가 돼요. 서기 690년, 그녀의 나이 67살이었습니다. 중국 역사상 처음이자 마지막 유일한 여황제가 탄생한 순간이었어요. 그리고 나라 이름 자체를 바꿔버려요. 당(唐)에서 주(周)로요. 순간 잠시 당나라가 망해버린 순간이었습니다.

그러나 사람은 누구나 나이를 먹고 세월 앞에 무너집니다. 서기 705년, 결국 병이 크게 나서 자리에 눕게 되는데, 권력의 공백에는 또 다른 권력이 반드시 들어와요. "여자가 무슨 정치냐!"란 소리를 하며 여황제에 불만을 가지고 있던 세력들이 쫓겨난 '전임 황제' 당중종을 찾아가요. "우리가 쿠데타를 일으키려고 하는데 오케이냐? 협조해주면 다시 당신을 황제 자리에 앉혀주겠다"란 제안을 합니다. '자기 친엄마 제거 작전'에 동의한 중종을 앞세운 쿠데타 세력은 결국 병상의 무조를 자리에서 끌어내리고 중종을 다시 황제의 자리에 앉혀요. 그리고 "권력을 빼앗겼다"란 멘붕을 견디지 못하고 무조는 세상을 떠납니다. 그녀의 나이 82살이었어요. 다시 황제가 된 중종은 나라 이름을 주나라에서 다시 당나라로 원상 복귀시킵니다.

무조가 중국을 통치하던 이 15년을 역사에서 무주(武周)라고 불러요. 무씨 여인이 세운 주나라란 뜻이지요. 측천무후는 무슨 뜻이냐고요? 측천(則天)은 시호(왕, 왕비, 황제, 황후 등이 죽은 후 받는 이름)입니다. 무후(武后)는 '무씨 성을 가진 황후'란 말이고요. 맞아요, 중국 역사는 이 유일한 여황제를 '황제'로 기록하지 않았습니다. 그냥 '황제의 부인'이었다, 그게 끝이랍니다. 즉, 그냥 '측천이란 이름을 죽은 다음 받은 무씨 성을 가진 황후'로 기록하고 있을 뿐입니다.

당현종과 양귀비의 로맨스

측천무후에 의해 한 번 잠깐 나라가 망했던 당나라는 잠시 혼돈의 시간을 보낸 후 서기 712년에 집권을 한 현종 때 다시 안정이 됩니다. 측천무후의 네 번째 아들, 그러니까 잠깐 황제가 되었다가 엄마인 측천무후에게 황제 자리를 물려준 그 눈물겨운 예종의 아들이에요. 맞아요, 족보를 따지면 측천무후의 손자가 되지요.

집권 초기에는 정말로 나라를 잘 다스렸습니다. 일단 주위에 인재가 깔려 있었어요. 즉, 이세민 옆에 위징이 있었던 것처럼 '쓴소리를 하는 이들'을 일부러 기용했어요. 자기 할머니 측천무후처럼 '혼자서 설칠 경우' 나라를 말아먹는다는 것을 똑똑히 봤기 때문입니다. 얼마나 측근들이 쓴소리를 해댔으면 현종은 나중에 "당신들 쓴소리 때문에 내가 황제 노릇하는 동안 단 하루도 마음 편한 날이 없었소"라고 투덜거렸을 정도였어요.

그리고 일단 정치적으로 방해 세력이 없었답니다. 왜? 아이러니하게도 자기 할머니 측천무후가 '정치적으로 딴마음'을 품을 만한 잠재적 위협 세력의 뿌리를 깡그리 다 뽑아버렸기 때문에 현종이 집권했을 때는 '따뜻하고 순수한 마음'의 소유자들만 정부에 남아 있었던 것이죠. 현종은 궁궐 안의 사치품들을 다 모아 불태워버리고 '근검절약'을 외칩니다.

이런 훌륭한 조건이 넘치는 나라는 당연히 잘될 수밖에 없지요. 당현종은 집권 초기 백성들로부터 어머어마한 찬사를 들으며 당나라를 안정화시킵니다. 또한 막강한 군사력을 바탕으로 당나라의 영토를 늘려갑니다. 동쪽으론 지금의 만주부터 서쪽으로는 중앙아시아까지 당나라를 세계 최강의 국가 중 하나로 만들어요. 지금의 우즈베키스탄까지 정벌 전쟁을 떠났던 고구려 유민 출신 당나라 장군 고선지(高仙芝)도 당현종 때 사람이랍니다. (예, 고구려는 이때 이미 당나라에 멸망당한 후였습니다.)

그러나 황제로 있는 기간이 길어지면서 현종도 점점 나사가 풀리기 시작합니다. 처음엔 전통시장에서 떨이 세일하는 셔츠만 사 입던 사람이 슬슬 이탈리아 명품을 찾기 시작했고 쓴소리만 하는 충신들을 점점 멀리하더니 달콤한 아첨만 하는 간신들을 주변에 두기 시작합니다. 그런 와중에 서기 737년, 사랑하던 와이프, 황후가 그만 죽어버리는데 이때부터 현종은 정신 줄을 놔버려요. 매일 밤 "부인, 돌아오시오. 보고 싶소. 부인 엉엉엉" 울기만 했는데 이런 모습을 간신들은 기회로 봤답니다.

무슨 소리냐? 간신들 중 환관인 고력사(高力士)란 인간이 있었는데요. 미인을 이용해서 황제의 신임을 얻으려고 합니다. 그러다가 현종의 18번째 아들 부인이 미인이란 소리를 듣고 찾아가 보니 과연 절세미인이었습니다. 그러곤 마음먹습니다. "저 여인을 황제에게 바치자"란 결심을요.

예? 맞아요. 며느리를 시아버지에게 바친다는 겁니다. 사실 현종은 자기의 18번째 며느리를 개인적으로 몰랐을 가능성이 높아요. 생각해보세요. 18번째 아들이면 거의 '지인'에 가까워요. "아이고, 제 아들이세요? 반갑습니다"지요. 그런데 그 부인은? 더욱 모를 가능성이 높은 것이지요.

이 여인의 이름은 양옥환(楊玉環)이었는데 바로 중국 4대 미인 중 한 명인 양귀비랍니다. '귀비(貴妃)'란 타이틀은 나중에 양옥환이 현종의 후궁이 된 후에 받게 되는 타이틀이랍니다. 하여간 자기의 며느리인 양옥환을 처음 보게 된 현종. 한눈에 반하고 맙니다. 그러고는 각종 명품으로 유혹해서 결국 자기의 여인으로 만들고 맙니다. 그때 신하들의 반발이 어마무시했어요. 당연하죠. "황제가 미쳤구나. 하다 하다 이제 며느리까지 빼앗아가네"란 반발이었지요. 하도 옆에서 신하들이 꽥꽥거리니 현종은 양옥환을 도교 사찰에 출가시켜버립니다. 왜? 한번 도교 사찰에 출가를 하면 속세의 인연이 끊어지게 되거든요. 그리고 다시 속세로 돌아오게 하면 이전 인생은 사라져버리니까 일종의 '신분 세탁'을 할 수 있어서였습니다. "한 번 속세를 떠난 후 돌아온 저 여인은 내 며느리가 아니다"란 묘하게 설득력이 있는, 미친 논리였습니다.

신분 세탁을 마치고 돌아온

중국 4대 미인 중 당나라의 양귀비

양옥환은 현종의 정식 후궁이 됩니다. 서기 745년의 일입니다. 이때 현종의 나이 56살. 양옥환 아니, 양귀비의 나이는 22살. 둘이 나이 차는 무려 34살이었습니다. 도둑놈이었던 거죠. 그럼 와이프를 빼앗긴 양귀비의 전 남편이자 현종의 아들은? 아빠 현종도 좀 미안했는지 다른 여자를 소개시켜줘요. 다시 새장가 가라고요.

양귀비, 당나라 몰락의 원인이 되다

양귀비를 정식 후궁으로 궁 안으로 들인 현종. 모든 국정을 다 팽개치고 양귀비와의 사랑만을 삶의 목표로 살아가는 사랑꾼이 됩니다. 궁 근처에 화청지(華淸池)라는 온천 타운을 만들어 매일 양귀비와 목욕을 하며 사랑만 나누었답니다. 지금도 중국 시안 여행을 가시면 화청지가 관광지로 보존되어 있어요. 당시 현종과 양귀비가 목욕하고 놀았던 목욕탕이 그대로 보존되어 있답니다. 그리고 양귀비가 목욕을 했던 온천수가 아직도 흘러 나와요. 그 물로 세수를 하면 양귀비처럼 미인이 된다고 해요. 믿거나 말거나.

현종이 양귀비를 정말 사랑했나 봐요. 현종은 양귀비에게 "그대와 나는 비익조(比翼鳥)요, 또한 연리지(連理枝)요"란 말까지 했어요. '비익조'는 암수가 날개가 한 짝밖에 없어 둘이 한 몸이 되어야 날 수 있는 새를 말해요. 그리고 '연리지'는 뿌리가 두 개인 나무가 서로 엉켜 한 몸이 된 나무를 말해요. 한마디로 "그대 없이는 못 살아"란 뜻이지요. 지금도 중국 서안(당시 당나라 수도)에 가면 거리 곳곳에 '비익조가 된 현종과 양귀비' 동상들이 서 있답니다.

그럼 나라 국정은? 맛있게 말아먹습니다. 누가? 양귀비가요. 양귀비는 '이 기회에 우리 집안 사람들 취직 좀 시켜주자'란 생각에 집안 일가친척들을 깡그리 궁 안으로 불어들입니다. 그 대표적인 케이스가 바로 양귀비의 6촌 오빠였던 '양국충(楊國忠)'을 황제의 측근으로 소개한 일입니다. 원래 본명이 따로 있었는데 "나라에 충성을 다 하겠다"란 걸 보여주기 위해 황제 앞에서 '국충(國忠)'으로 즉석 개명까지 하는 퍼포먼스를 보여준 인물입니다. 간신의 끝판왕이었죠.

이런 '누가 더 간신인가' 경쟁에 또 한 사람이 등장합니다. 바로 '안록산(安祿山)'이란 인물이었죠. 원래 페르시아계로 우리가 아는 '동양인'은 아니었어요. 중국으로 귀화한 인물이었죠. 당시 당나라의 변방 국경을 지키던 장군이었습니다. 페르시아, 즉 이란 출신이다 보니 덩치가 엄청 컸다고 해요. 몸무게가 무려 200킬로미터가 넘었고, 특히 배가 너무 나와서 무릎 아래까지 축 처질 정도였다고 합니다. 그런 안록산의 똥배가 신기했는지 하루는 현종이 물었어요. "어이, 록산이. 그 똥배 안에 뭐가 들었나?"라고요. 그랬더니 이 뚱보가 뭐라고 했는지 아세요? "이 똥배 안엔 폐하를 위한 충성심이 가득합니다. 하하하!"라고 했답니다.

보통 이따위 헛소리를 하면 '이놈 간신이군'이라 생각해야 하는데 현종과 양귀비는 감동을 한 것입니다. 양귀비는 이런 안록산에게 "넌 내 아들이다"라고 말할 정도로 애정했답니다. 안록산이 양귀비보다 10살이나 많았지만요. 나라 망조가 슬슬 보이기 시작하죠. 안록산이 아무 계산 없이 정말 순수한 마음으로 이런 아부를 했을까요? 당연히 아니죠. 안록산은 엄청난 권력욕이 있던 사람이었어요. 당시 당나라 변방 군사 책임자는 그 지역의 '왕'이나 다름없었어요. 왜? 이미 중앙 권력이 현종의 사랑놀이에 콩가루가 된 상태기 때문에 중앙 권력이 먼 변방까지 미치지 못했기 때문입니다. 당연히 변방의 군사 책임자는 군대까지 있겠다, 중앙정부는 신경도 안 쓰겠다, 그냥 그 동네 왕이 되는 겁니다. 그중 대표적인 인물이 바로 안록산이었던 거고요.

이런 안록산의 움직임을 눈치챈 인물이 있었습니다. 아시죠? 강도는 강도를 서로 알아보고 사기꾼은 사기꾼을 서로 알아본다는 걸요. 또 다른 간신이 안록산의 음모를 눈치챈 겁니다. 바로 양국충이었어요. 그리고 바로 현종과 양귀비에게 고발을 해요. "폐하! 안록산이 반란을 꾀하고 있습니다! 벌하소서!"라고요. 당연히 이런 양국충의 '도발' 소식은 안록산의 귀에도 들어갑니다. 이제 둘 중 하나는 죽어야 하는 '치킨 게임'이 시작됐어요. 누가 이길까요? 양국충은 권력은 있었지만 군사력은 없었어요. 왜? 그냥 재상(宰相)이었거든요. 우리나라의 국무총리 정도 되는 자리였어요. 국무총리가 자기 군대를 이끌고 있진 않죠. 그런 반면, 안록산은 변방의 장군이었지만 막강한 군대를 가지고 있었어요. 게임이 안 되지요.

결국 서기 755년, 안록산은 "간신 양국충을 제거한다"라는 명분으로 반란을 일으킵니다. 이것이 바로 당나라 멸망의 시작을 알리는 '안록산의 난'이랍니다. 안록산의 반란군이 수도를 향해 돌진해오고 있다는 소식을 들은 현종과 양귀비는 처음에 믿지 않았어요. "우리 아들이 왜?"하고 상황 파악을 못하는 멍청함까지 보였어요. 반란군이 수도 코앞까지 왔다는 소식을 들은 후에야 현종과 양귀비는 호위 무사 몇몇과 함께 겨우 궁을 탈출해서 도주를 하기 시작해요.

얼마나 급하게 궁에서 도망쳐 나왔으면 양귀비는 거의 버선발로 뛰었다고 해요. 도망을 가던 중 호위 무사들이 황제 일행 앞을 가로막습니다. 그리고 외쳐요. "이 모든 것이 다 양귀비 일가인척들이 나라를 말아먹은 탓입니다! 폐하! 양귀비와 양국충을 죽이지 않으면 우리는 당신을 더 이상 호위할 수 없습니다!"라는 충격적인 선언을 한 겁니다! 여기서 여러분이 현종이라면 어떤 선택을 하실 겁니까? 사랑하는 여인을 끝까지 지켜줄 겁니까? 아니면 나 살자고 사랑하는 여인을 버릴 겁니까? 현종은 놀랍게도 여인을 버립니다. 도주 중 길거리에서 양국충의 목을 베어버리고 양귀비는 사람을 시켜 끌고 가 숲속에서 목 졸라 죽여버리라고 해요. 자기 살자고요. 이렇듯 영원한 사랑은 없어요.

자기가 사랑했던 양귀비까지 죽이고 계속 도주를 하던 현종을 당나라 백성들이 막습니다. "폐하가 지금 멀리 도주를 하면 나라가 온통 반란군의 세상이 될 겁니다! 여기 남아서 반란군과 맞서 싸워주세요!"라고요. 그런 백성들의 요구를 들을 인간이었으면 애당초 양귀비도 안 죽였겠지요. 이 엽기적 황제는 아주 기발한 아이디어를 내놓습니다. 같이 도주를 하던 태자에게 "야, 이제 네가 황제 해. 그리고 반란군과 좀 싸워줘. 아빠는 계속 가던 길 갈게"란 아이디어를요. 임진왜란 때 선조가 아들 광해군에게 했던 것과 똑같은 짓을 한 겁니다. 선조는 광해군을 급하게 세자로 임명하고 "네가 대신 좀 싸워줘" 하고 자기는 압록강으로 도망갔잖아요.

당나라는 아직 망할 운명이 아니었습니다. 다행히 태자가 괜찮은 인물이었어요. 난리 통에 태자는 급하게 당나라의 새 황제가 됩니다. 이 사람이 당나라 숙종 황제예요. 서기 756년의 일이었습니다. 황제 자리를 아들에게 물려준 현종은 계속 남쪽으로 도망을 가요. '반란권'에서 벗어난 후에야 "이제 살았다"란 소리를 했다고 하지요. 그런 사이 새 황제 숙종은 안록산과 같은 지방 군사 책임자(전문 용어로는 절도사(節度使)라고 해요) 중 안록산에 반대하는 절도사들과 손을 잡고 반격에 나서요. 치열한 싸움이었어요. 결국 757년 안록산이 내부 반란으로 죽고 그 잔당 세력이 763년 완전히 소탕되면서 나라를 뒤흔든 반란은 끝이 납니다.

쓸쓸히 수도의 궁으로 돌아온 현종은 죽을 때까지 자기가 죽인 양귀비를 그리워하며 말년을 보냈다고 하지요. 정말 눈물 나는 스토리예요. 비록 반란은 진압되었지만 그후 당나라는 급격하게 무너지기 시작해요. 한번 무너진 중앙 권력은 다시 회복되지 못했어요. 그리고 반란 진압에 도움을 주었던 지방 군사 실권자(절도사)들이 판을 치는 '지방 분권'의 시대에 들어갑니다.

당나라, 멸망하다

안록산의 난을 진압하려고 돈을 너무 많이 쓴 당나라 조정은 돈 나올 구멍을 찾기 시작했어요. 돈이 있어야 나라 운영을 할 수 있으니까요. 그 구멍을 '소금'에서 찾았습니다. 사람이라면 소금 없이는 살 수 없잖아요. 물론 많이 먹으면 고혈압에 걸리지만요. 당나라 조정은 그 소금을 전매화해버립니다. 전매(專賣)란 건 '특정 상품을 나라가 독점 생산·판매하는 것'을 말해요. 즉, 당나라 정부가 소금 생산 판매를 "이제는 정부만 할 수 있다"라고 법을 만들어버린 것이죠. 그리고 소금 값을 확 올려버립니다. 그럼 백성들은? 울며 겨자 먹기로 비싼 값을 내고 그 소금을 살 수밖에 없지요. 왜? 소금 못 먹으면 사람은 죽는다니까요.

여러분이 만일 이런 상황에서 좀 위험하지만 돈을 벌고 싶다, 그러면 뭘 하시겠어요? 바로 소금 밀매업이겠지요. 정부 몰래 소금을 만들어 정부 소금보다 싼 가격에 팔면 조금 위험하더라도 사람들이 그 싼 '사제' 소금을 사겠지요. 정부 소금이 1,000원인데 몰래 만든 '사제' 소금이 900원이라면, 사람들은 싼 소금을 사게 된다니까요. 그럼 정부는 이걸 가만히 보고만 있을까요? 절대 아니죠. 정부가 벌어들이는 소금 판매 대금이 줄어드니까 바로 단속 들어갑니다. 단속 정도가 아니라 걸리면 바로 사형이었어요.

그때 황소(黃巢)라는 사람이 등장합니다. 먹는 황소 아닙니다. 당시 몰래 몰래 소금을 만들어 팔던 소금 밀매업자 중 매출 부분에서 거의 TOP인 인물이었답니다. 소금 밀매 재벌이었죠. 원래 과거시험을 준비하던 유학자였어요. 하지만 공부 운이 없었는지 매번 과거시험에서 낙방을 했답니다. 당시 당나라는 과거시험에 통과한 사람들에게 나라에서 큰 잔치를 열어줬어요. 또 과거시험에 낙방을 한 황소는 그런 잔치를 멀리서 바라보고 피눈물을 흘립니다. "너희 지금은 시험 통과했다고 웃지만 그 웃음을 피눈물로 만들어버리겠다"란 저주를 하면서요.

그때 남긴 시가 〈만성진대황금갑(滿城盡帶黃金甲)〉이에요. 무슨 뜻인가 하면 "당나라 수도 전체를 황금 갑옷으로 뒤덮이게 만들겠다"란 뜻이랍니다. 자기 성씨가 황(黃)씨잖아요. 즉 과거시험에 '줄 낙방'을 하고 있을 때 이미 반란을 계획하고 있었던 겁니다. 여러분, 영화 〈황후화〉(2007) 기억하시나요? 주윤발과 공리가 나온 영화요. 그 영화를 보면 궁전 전체가 황금색의 국화로 덮여 있지요? 그 영화의 원래 제목이 '만성진대황금갑'이랍니다. 그 영화가 바로 이 '황소의 난'을 모티브로 해서 만든 영화랍니다.

하여간 "과거는 내 운명이 아니다"란 걸 알고 과거시험 준비를 포기한 황소. '돈 벌어 성공하자'란 마음을 먹습니다. 그리고 소금 밀매업을 시작했어요. 그런데 이 '빌어먹을 원수 같은' 당나라 정부가 그 소금 밀매를 대대적으로 단속을 하네요. 그래서 이대로 앉아서 죽을 바엔 반란이라도 한번 일으켜보고 죽자는 생각에 반란을 일으킵니다. 이것이 겨우 목숨만 유지되던 당나라에 치명적 결정타를 날린 '황소의 난'이랍니다. 서기 875년의 일이었어요.

난을 일으킨 황소 밑으로 수많은 농민이 몰려들었어요. 당시 당나라는 거의 무정부 상태에 가까

영화 〈황후화〉 포스터

왔거든요. 그런 무정부 따위가 자기들 돈 필요하다고 사람의 목숨과도 같은 소금 가지고 장난질하니 농민들의 분노는 하늘을 찔렀답니다. 그런 와중에 황소가 "나를 따르라! 세상 한번 바꿔보자!"라고 선봉에 서니 너도나도 할 것 없이 황소를 따르기 시작한 겁니다. 당나라 수도 장안에 도착했을 때 황소의 반란군은 무려 60만 대군이 되었답니다.

당시 당나라 황제는 희종(僖宗)이란 인물이었는데 환관(내시)들에게 권력을 다 빼앗겨버린 핫바지 바지 황제였어요. 반란군이 궁전 앞까지 밀려왔다는 소식을 듣고 겁을 집어먹은 희종은 현종이 했던 것처럼 궁을 버리고 남쪽으로 도주를 해버렸답니다. 집안 내력 어디 가겠습니까? 황제가 도망간 빈 궁에 황소는 당당하게 행진을 하며 들어옵니다. 그리고 당나라 황실 친인척들을 다 죽여버려요. 얼마나 '과거 낙방 때'부터 당나라에 한이 맺혔으면!

당나라 궁궐을 접수해버린 황소. 바로 새 나라 건국을 선포해버립니다. 새 나라 이름은 대제(大齊)라고 정해버려요. 아직 당나라가 망한 건 아니에요. 수도의 궁궐만 반란군에게 점령당했지 당나라 황제는(물론 도망갔지만) 아직 엄연히 있던 상황이었어요. 이게 황소가 오판을 한 부분이었답니다. 자기가 정말 당나라를 멸망시킬 생각이었으면 무슨 수를 쓰더라도 도망간 당나라 황제를 붙잡아 죽여야 했거든요. 죽이지 않더라도 적어도 명분상 황제 자리를 인수인계하는 절차라도 거쳐야 하는데 다 무시했어요. 궁궐을 접수하고 "이제 새로 나라를 건국했다!"라고 선언만 한 겁니다. 수도 밖에 아직 '시퍼렇게 살아 있던' 당나라 군대도 그냥 무시했어요.

어이없이 일격을 당한 후 수도 궁궐을 빼앗긴 당나라 군대는 다시 재정

비를 하고 '수도 탈환 작전'에 들어갑니다. 아무리 이빨 빠진 호랑이라고 해도 이쪽은 훈련받은 정규군이고 저쪽은 제대로 훈련도 못 받은 오합지졸 농민군이었어요. 점점 밀리다가 수도 궁궐에서 쫓겨난 황소는 계속 쫓겨 다니다가 산속에서 결국 스스로 목숨을 끊고 맙니다. 허무한 죽음이었죠. 서기 884년의 일이었습니다.

사실 그 기세등등하던 황소가 단번에 진압이 된 결정적인 계기는 바로 내부 배신자였어요. 황소의 부하 중에 주온(朱溫)이란 인물이 있었어요. 아주 얍삽한 인간이었지요. 전세가 불리하게 돌아가자 바로 당나라 황실과 손을 잡아요. 안에서 내분을 일으켜줄 테니 나중에 황소의 난이 진압되면 한자리 달라, 뭐 이런 제안을 한 거죠. 결국 주온의 배신으로 황소의 난은 진압되었고 당나라 황실은 주온에게 "앞으로 전적으로 충성해라"란 뜻으로 전충(全忠)이란 이름을 내려줍니다. 그래서 그 이후 주온은 주전충(朱全忠)이라고 불려요.

그런데 그거 또 아시죠? 한 번 배신한 인간은 끝까지 배신한다는 것을요? 주전충이 딱 보니까 이 당나라란 나라는 산소 호흡기만 겨우 차고 있던 이미 사망 선고를 받은 나라였던 겁니다. '이거 내가 한번 황제를 해봐?'란 생각에 궁에 쳐들어가 당시 당나라 황제였던 소종(昭宗)을 협박해요. "좋은 말 할 때 황제 자리 넘기쇼"라고요. 하지만 끝까지 저항을 합니다. '아주 멋지게 황제 자리 인수인계식'을 기대했던 주전충은 격분했어요. 그리고 버티는 소종을 강제로 황제 자리에서 끌어내리고 소종의 아들 중 가장 만만했던 놈 하나를 골라 또 바지 황제로 만듭니다. 쫓겨난 소종은? 독살해버려요. 하여간 주전충이 강제로 황제 자리에 앉힌 그 황제가 바로 당나라의 마지막 황제인 애종(哀宗)이랍니다. 그리고 기어이 이 불쌍한 황제로부터 자리를 빼앗고 자기가 황제가 돼요.

　서기 907년, 한때 중국 대륙을 호령했던 당나라가 공식적으로 망한 순간이었어요. 주전충은 "당나라가 망한 건 부패한 관료들 때문이다"라면서 당나라에서 한자리했던 신하들을 모조리 죽여 강물에 던져 물고기 밥에 되게 만들었어요. 얼떨결에 황제가 되었다가 쫓겨난 당나라 마지막 황제 애종은? 주전충이 또 독살합니다. 겨우 16살이었어요. 이렇게 당나라는 건국 290년 만에 역사 속으로 사라집니다.

황후화
滿城盡帶黃金甲,
Curse Of The Golden Flower

개봉	2007
장르	액션, 드라마, 멜로/로맨스
감독	장이머우

황금빛이 넘쳐나는 당 말기를 그려내다!

이 영화의 배경이 되는 왕조는 불분명하다. 하지만 영화의 원제목이 '만성진 대황금갑(滿城盡帶黃金甲)' 즉, 황금 갑옷으로 수도가 덮일 것이라는 것을 보면 당나라 말기로 볼 수 있다. 왜? 저 표현 자체가 과거시험에서 연속으로 낙방을 하며 당나라 조정에 대한 원한을 키워가던 황소가 했던 말이기 때문에.

간단한 영화의 스토리는 다음과 같다. 중국 어느 왕조 말기(당나라로 추정)에 황후(공리 분)는 점점 병으로 인해 쓰러져 간다. 그리고 왕자(주걸륜 분)와 함께 황제(주윤발 분)에 저항하는 거대한 반란을 준비한다. 그러나 황제는 황후의 도발에 강하게 맞선다.

이 영화는 스토리를 떠나 화려한 황금빛 영상으로 관객들의 눈을 사로잡는 다. 물론 실화는 아니지만 중국 역사상 가장 화려했던 당나라 당시의 모습을 간접적으로나마 경험할 수 있다.

칭기즈칸

칭기즈칸

1162년 몽골 초원에서 태어난 '테무친'이란 인물이 몽골의 여러 부족을 하나로 뭉쳐 1206년 통일 몽골제국을 세웁니다. 그리고 스스로를 '칭기즈칸'이라고 개명을 해요. 몽골어로 '칭기즈'는 '가장 위대한'이란 뜻이고 '칸'은 '추장'이란 뜻이랍니다. 즉, '가장 위대한 추장, 지도자'란 말이지요.

5장

돈으로 산 평화
그리고 몽골의 원

AD 960 - 1351

송나라부터 원나라까지

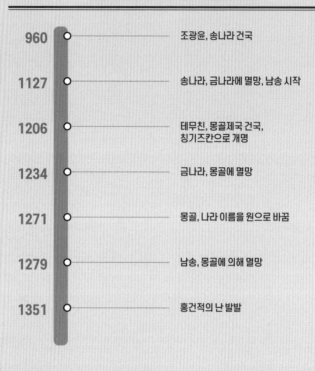

960 — 조광윤, 송나라 건국

1127 — 송나라, 금나라에 멸망, 남송 시작

1206 — 테무친, 몽골제국 건국,
칭기즈칸으로 개명

1234 — 금나라, 몽골에 멸망

1271 — 몽골, 나라 이름을 원으로 바꿈

1279 — 남송, 몽골에 의해 멸망

1351 — 홍건적의 난 발발

중국사 마지막 막장 드라마, 5대10국!

서기 907년, 주전충이란 인물이 당나라를 멸망시켰다고 말씀드렸죠? 이 주전충이란 인물은 애당초 정상적인 인물이 아니었답니다. 사람 죽이는 걸 무슨 취미처럼 생각한 싸이코였어요. 일단 당나라 수도를 점령하고 당나라 황족, 고위 관료들을 모조리 다 몰살했답니다. 그 시신들을 강물에 버렸는데 시신의 수가 너무 많아 강물이 범람했다고 하지요.

자, 그런 엽기적인 짓거리를 한 주전충은 새로 나라를 세웁니다. 바로 양(梁)나라인데요. 기억하세요? 중국 남북조 때 남쪽 6개 나라들요? '오, 동진, 송, 제, 양, 진' 이렇게 6개 왕조가 있었잖아요. 그래서 그 6개 나라 가운데 '양'나라와 구별을 하기 위해 주전충이 세운 양나라를 중국 역사에선 '뒤에 세워진 양나라'라고 해서 '후량(後梁)'이라고 해요. 그러니까 주전충은 후량의 초대 황제가 되는 것이죠.

그런데 당나라가 멸망했을 때 힘 좀 쓰는 인물이 주전충만 있었던 것이 아니었어요. 당연하겠죠. 중국 전국에서 방귀 좀 뀌던 인간들은 '주전충도 하는데 나도 나라 한번 세워봐?'란 생각을 실제 행동으로 옮깁니다. 결국 중국 북부 지역에 총 5개 왕조가 생기고 멸망을 하고, 이를 반복합니다. 그 북부 지역 5개 왕조를 '오대(伍代)'라고 해요. 여기서 대(代)는 '교대하다'란 뜻입니다. 즉, 후량을 시작으로 5개의 왕조가 엎치락뒤치락 교대를 했다는 뜻이지요.

중국 북부가 그런 상황이었다면 남부는? 10개의 조그만 지방 정권들이 생깁니다. 그 지방 정권 이름들은 외우실 필요가 없어요. 하여간 북부 땅에 들어선 총 5개의 '큰' 왕조와 같은 시기에 남부에 들어선 10개의 '조그만' 지방 정부들을 합쳐서 이 혼란의 시기를 '5대10국 시대'라고 부른답니다. 간단히 말해서 중국 땅에 총 15개의 나라들이 갑자기 들어선 대난장판의 시대였던 거죠. 주전충이 당나라를 멸망시킨 907년부터 송나라가 중국을 통일하는 979년까지, 약 70년에 걸쳐 여러 나라가 흥망한 시대였어요. 예, 맞아요. 그리 길지도 않았어요. 그런데 중국사 공부할 때 위진남북조 시대에 이어 두 번째로 책을 집어 던지는 시기가 바로 이 시기죠. "왜 이리 외워야 할 나라들이 많아!" 하면서요. 다시 한번 강조하지만 모든 나라 이름을 다 외울 필요는 전혀 없답니다.

딱 이 얘기만 하고 5대10국 시대는 넘어가도록 하겠습니다. 먼저 주천충이 세운 후량. 참으로 어이없이 멸망을 해요. 주전충에겐 양아들 하나, 친아들 둘이 있었어요. 그런데 양아들의 부인과 사랑에 빠집니다. 엥? 예, 맞아요. 중국사에 참으로 자주 등장하는 '자기 며느리'와 사랑에 빠진 겁니다. 그래서 그 며느리와 눈물겨운 사랑을 이어가기 위해 다음 황제 자리를 양아들에게 물려주려고 해요. 그걸 친아들이 가만 보고 있었을까요? 절대 아니죠. 친아들이 직접 아빠인 주전충과 주전충의 양아들을 죽이고 2대 황제 자리에 오릅니다. 그다음부터는 더 막장이에요. 사촌, 이복형제들이 총출동해서 서로 치고받고 싸우다가 후량은 16년 만에 망해요. 이후 '당나라의 후예'를 자처하는 '후당(後唐)'이 들어서고 난장판이 된답니다.

송나라, 개판의 중국을 교통 정리하고 다시 중국을 통일하다

5대10국의 헬게이트는 중원의 5개 왕조 가운데 가장 마지막 왕조였던 후주(後周)란 나라가 싹 다 정리를 합니다. 후주는 지금의 베이징 남쪽의 카이펑[開封]이란 도시를 중심으로 한 나라였어요.

먼저 당시 상황을 좀 이해해야 해요. 5대10국의 나라들이 서로 치고받고 싸울 때 중원의 나라들이 하지 말아야 할 짓을 하나 했어요. 바로 라이벌 국가와 싸울 때 힘이 부족하다는 이유로 만리장성 너머의 북방 유목 민족이었던 거란족에게 만리장성 남쪽의 땅을 뚝 떼어준 겁니다! 예를 들어 일본이 러시아와 전쟁을 하고 있는데 힘이 부족하다고 우리나라에 "후쿠오카와 오사카를 한국에 떼어줄 테니까 와서 일본 좀 도와줘"라고 한 것과 같은 일이었어요.

원래 거란(契丹)은 몽골 초원에서 살던 부족이었는데 얼결에 만리장성 이남의 중원 땅을 가지게 된 겁니다. 그래서 '남쪽 나라'로 이사 온 후 거란은 생각했어요. '이제 우리도 오리지널 중국 땅에 들어왔는데 나라 이름 좀 바꿔볼까? 촌스럽게 거란이 뭐야, 거란이. 우리도 중국 한족 나라들처럼 한 글자(송, 당, 진)로 개명 한번 해봐?' 하며 실제로 요(遼)로 바꿉니다. '김말뚱'이란 촌사람이 미국에 가서 '제임스 테일러'란 이름으로 개명한 것이죠. 맞아요, 우리가 국사 시간에 배웠던 그 요나라 맞습니다.

문제는 당당하게 만리장성 넘어 중원 땅에 들어와 '한 글자 국가'로 개명까지 한 이 북방 유목 민족 국가 요나라가 바로 후주와 딱 서로 국경을 맞대고 있었다는 겁니다. '정통 한족' 국가인 후주가 보기에 이 '건방진' 유목 민족 요나라가 영 신경 거슬리는 것이 아니었어요. 마침 요나라가 슬슬 후주에게 시비를 걸어요. "한판 뜨자" 이러면서요. 그래서? 맞아요. 후주는 요나라를 공격하기로 합니다. 그리고 후주의 황제는 그 공격작전에 한 사령관을 임명해요. 그 후주의 사령관 이름이 바로 조광윤(趙匡胤)이랍니다. 맞습니다, 조만간 후주를 멸망시키고 송나라를 세우는 그 인물입니다.

자, 이제 조광윤이 어떻게 자기 나라 후주를 배신하고 송나라를 세우는지 그 과정을 설명드릴게요. 사실 당시 후주의 황제는 겨우 7살짜리 어린애였어요. 당연히 후주의 정치는 개판이었겠지요. 그래서 군부에서는 불만이 많았답니다. "황제가 너무 어려서 나라가 개판이다. 이럴 때 조광윤 장군처럼 실력 있고 카리스마 있는 인물이 황제가 되면 참 좋을 텐데"란 불만이었죠. 사실 대부분의 군사 쿠데타가 이런 식으로 시작돼요. 그래서 후주 군부는 계속해서 조광윤에게 몰래 제안을 합니다. "조장군! 구국의 신념으로 혁명합시다!"라고요. 하지만 조광윤은 계속 거절해요. 나라를 배신하는 행동이라면서요.

그러는 와중에 지금 조광윤은 대군을 이끌고 요나라를 치기 위해 출발합니다. 조광윤의 부하들은 "안 되겠다. 비상 작전을 쓰자"라며 야영지 막사에서 술잔치를 엽니다. 그리고 조광윤에게 계속 술을 권해요. "장군님! 밑장 깔면 벌주!" 하면서요. 역시나 조광윤은 만취 꽐라가 돼요. 그때 부하들은 정신을 잃은 조광윤에게 황제의 옷을 입혀버립니다. 나중에 술에서 깬 조광윤은 깜짝 놀라요. 자기가 황제의 옷을 입고 있으니까요. 사실 황제의 옷을 황제가 아닌 사람이 입으면 그걸로 사형일 정도로 큰일이었답니다. 부하들은 조광윤에게 말합니다. "장군님! 이제 물은 엎질러졌습니다! 황제가 되십시오! 안 그러면 우리끼리라도 반란을 일으킬 겁니다!"라고요. 결국 조광윤은 부하들에게 설득당하고 맙니다.

조광윤은 군대를 뒤로 돌려 수도로 향해요. 맞아요, 이성계의 위화도 회군과 싱크로율 100%랍니다. 사실 이성계가 조광윤의 이 '회군'을 나중에 위화도에서 따라 했다는 설도 있어요. 조광윤은 부하들에게 조건을 겁니다. 절대 후주의 황제와 황족들, 신하들을 죽이지 말고 백성들에게 절대 피해를 주지 말라고 신신당부합니다. 그리고 아예 그걸 돌에 새겨 넣어요. "후주의 황실 후손을 절대 해치지 말라"라고요. 그리고 앞으로 등장할 송나라의 모든 황제가 이 돌 앞에서 황제 선서를 하게 만듭니다. 사실 이건 좀 감동적입니다. 역대 모든 왕조에서는 쿠데타가 일어나면 쫓겨난 황제는 대부분 죽임을 당했어요. 하지만 조광윤은 "절대 후주의 황

송나라의 초대 황제 조광윤

족 후손을 죽이지 말라"라고 신
신당부했고 실질적으로 송나라
내내 후주의 황족 후손들은 엄
청난 대우를 받고 살아요. 심지
어 범죄를 저질러도 처벌도 받
지 않았습니다. 엄청난 특권이
었죠.

아주 '평화롭게' 정권을 이어
받은 조광윤은 서기 960년 나
라 이름을 송(宋)으로 바꿉니다.
그리고 차례차례 5대10국 난장판을 정리해 나가요. 다시 중국이 하나의
통일 국가로 정리되는 순간이었죠. 그리고 정복되는 나라의 왕과 귀족들
도 절대 죽이거나 괴롭히지 말라고 엄명을 내립니다. 그런데 조광윤, 즉
송태조에게 고민이 하나 생겼어요. 나라는 어느 정도 통일 국가로 자리
를 잡았지만 주변의 수많은 '장군들'이 우려스러웠어요. 생각해보세요.
중국 전국에 조광윤 '급'의 군사력을 가진 인물들이 깔린 상황이었답니
다. 게다가 통일은 했지만 망한 5대10국의 군벌들은 여전히 군사력을 가
지고 있던 '무인 시대'였거든요. 즉, '제2의 조광윤'이 나오지 말란 법이
없던 상황이었습니다.

그래서 송태조는 아이디어를 냅니다. 자기 밑의 장수들, 그리고 군사
실권자들을 술자리에 부릅니다. 그리고 술 한잔 거하게 해요. 어느 정도
알딸딸하게 취했을 때 송태조는 말을 꺼내요. "내가 요즘 불면증에 걸렸

소"라고요. 부하들은 그 이유를 물었지요. "사실 그대들 가운데서도 분명 황제가 되고 싶은 사람이 있을 거요"라고 떠본 거죠. 부하들은 화들짝 놀라면서 절대 그럴 일은 없다고 해요. 여기에 송태조는 더 떠봐요. "그대들이 그렇다 치더라고 만일 그대들의 부하가 그대들더러 황제를 하라고 부추기면 어쩔 것이요?"라고요. 그 순간 송태조의 부하 장수들은 태조의 뜻을 알아차립니다.

그다음 날 송나라의 부하 장수들과 군 실권자들은 모두 '전역 신청서'를 송태조에게 제출해요. 군권에서 손을 떼고 민간인으로 돌아가겠다는 뜻이었습니다. 송태조가 원하는 것이 그것임을 알아차린 것이죠. 송태조도 그런 장수들의 결정에 쿨하게 보답합니다. 엄청난 재산을 나눠주고 물 좋고 공기 좋은 지방 땅까지 내준 겁니다. 즉, "시골 가서 거기 유지하면서 떵떵거리고 살아라"란 거였죠. 여러분 같으면 어쩌실 겁니까? 서울 여의도에서 권력 투쟁하겠어요? 아니면 한 100억이 든 통장 하나 들고 지방에서 10층 건물주 하면서 떵떵거리고 살겠어요? 송나라는 태조 조광윤의 이런 '문민 정부화' 과정을 거치면서 빠르게 안정화됩니다.

송나라, 돈으로 평화를 사다

빠르게 '문민화'가 되어가던 송나라와는 달리 북방에서 거란족이 세운 요나라는 점점 더 군사 강국이 되어갔어요. 그다음은 안 봐도 비디오죠. 요나라 입장에서 '어라? 아랫동네 송나라 군대가 점점 사라지네. 이거 완전 개꿀인데'란 생각이 들겠죠. 결국 서기 1004년, 요나라는 20만의 대군으로 남쪽 송나라 정벌에 들어갑니다. 그런데 송나라도 "아직 우리 안 죽었다"였어요. 제법 요나라의 공격을 잘 막아냈습니다. 요나라는 "아직 때가 아닌가 보다. 조금 더 힘을 키우고 그때 다시 공격해야지"라면서 일단 송나라에 휴전 협상을 하자고 제안해요.

그런데 문제는 당시 송나라 황제가 '진종'이란 인물이었는데 엄청난 졸보에 겁쟁이였답니다. 자신의 송나라가 대등하게 요나라와 싸웠음에도 "우리는 지게 되어 있다"라고 겁 먹고 요나라가 협상 제안을 해오자 "감사합니다! 무슨 조건이든 무조건 협상 타결하라!"라는 지시를 내려요. 이런 송나라 태도에 요나라는 "요놈들 쫄았군. 이번 기회에 확실히 털어먹어야지"라며 협상 조건으로 "송나라는 우리 요나라에게 매년 은 10만

송나라 제3대 황제 진종

냥을 바쳐라. 그럼 안 쳐들어올게"라고 제시해요. 송나라 진종은 덥석 그 제안을 받아들입니다. '돈으로 평화를 산' 순간이었죠.

송나라를 괴롭힌 건 거란족의 요나라뿐이 아니었어요. 1038년 송나라 서쪽에 대하(大夏)라는 또 다른 북방 유목 민족 국가가 하나 등장해요. 서해안에서 먹는 새우 대하 아닙니다. 이 대하도 서쪽에서 송나라를 치고 들어옵니다. 송나라는

또 돈으로 때워요. 대하가 송나라를 더 이상 공격하지 않는 조건으로 매년 은 2만 냥을 갖다 바치기로 합니다. 그런데 아이고, 이게 끝이 아니었어요. 1115년엔 지금의 만주 땅에서 또 다른 유목 민족인 여진족이 또 나라 하나를 세웁니다. 바로 금(金)나라였어요. 지도를 그려보면 맨 아래 송나라, 그 위에 요나라, 또 그 위에 금나라, 그리고 서쪽에는 대하, 이런 구조지요?

여진족이 세운 금나라의 파워는 장난이 아니었어요. 건국하자마자 바로 아래의 요나라를 공격하기 시작했는데 요나라가 한 번 망할 뻔할 정도의 가공할 군사력이었답니다. 금나라가 요나라를 거의 초죽음으로 만들었단 소식을 들은 송나라는 금나라에게 몰래 제안을 하나 해요. "어이, 금나라. 우리 송나라랑 손을 잡고 아래위로 샌드위치 공격을 해서 요나라를 멸망시키고 반땅하자"란 제안을요. 금나라 입장에서도 손해 보는 장사가 아니라고 생각해 그 제안에 오케이합니다. 서기 1120년의 일이었습니다.

밀약에 따라 북쪽에서 금나라는 무서운 기세로 남쪽의 요나라를 공격합니다. 그런데 원래 계약서상으론 남쪽에서 송나라가 북쪽으로 치고 올라와야 하잖아요. 그런데 송나라를 공격을 안 합니다. 아니, 못 합니다. 왜? 자기 나라에서 반란이 일어났거든요. 원래 요나라를 치려고 준비한 군대를 급히 반란 진압 쪽으로 돌려버려요. 금나라 입장에선 "송나라 이것들이 약속을 어겨? 됐고, 우리 혼자서 요나라 격파한다"라고 선언을 하고 실제로 단독으로 요나라를 공격해서 기어이 서기 1125년 요나라를 멸망시켜버립니다.

송나라에서 갑자기 웬 반란인가? 궁금하시죠? 당시 송나라는 '휘종'이란 인간이 황제였어요. 아주 훌륭한 예술가였습니다. 그게 다예요. 예술에만 미치고 정치 따위 관심이 1도 없었어요. 당연히 옆에는 아첨꾼들로 들끓었고 그들은 예술 좋아하는 황제에게 잘 보이기 위해 송나라 전국의 값비싼 미술품, 기암괴석들을 닥치는 대로 수집해서(빼앗아) 황제에게 바쳤답니다. 특히 휘종은 아름다운 돌을 사랑했는데 지방에서 그런 돌이 발견되면 백성들이 그 무거운 돌을 들고 수도까지 배달해야 했답니다. 그러니 나라가 개판이죠. 여기저기에서 반란이 일어납니다. 그중 하나가 그 유명한 산동지방 '양산박(梁山泊)'에서 '송강(宋江)'이란 인물이 일으킨 반란입니다. 이 '양산박의 송강'을 주제로 만들어진 이야기가 바로 《수호지(水滸志)》랍니다.

송나라 제8대 황제 휘종

물론 송나라도 자기 나라의 반란을 겨우 진압하고 마지막에 금나라에 합세를 했지만 살짝 숟가락을 얹은 것에 불과했어요. 그래도 금나라는 쿨했습니다. 실질적으로 송나라는 한 일이 거의 없었지만 원래 계약대로 '요나라 반땅'에 동의해줍니다. "와! 북방 유목 민족 정말 쿨하네! 약속은 정말 칼같이 지키네!" 물론 금나라가 완전 손해 보는 장사를 한 건 아니었어요. 요나라 땅 반을 주는 대신 매년 은 20만 냥을 달라고 요구합니다. 송나라는 당연히 오케이를 했고요.

거기에 만족했어야 하는 송나라는 슬슬 간이 배 밖으로 나왔어요. 자기는 요나라 멸망에 아무런 역할을 안 했음에도 "와! 우리 송나라 파워 봤지? 초강대국 요나라도 우리가 공격하니까 망하잖아!" 하면서 착각을 해요. "이왕 우리 군사력이 물올랐을 때 확 금나라까지 멸망시킬까?"란 역대급 착각까지요. 그리고 실제 망한 요나라의 잔존 세력과 몰래 손을 잡습니다. "이봐, 요나라. 아니 전(前) 요나라 장수들. 나라 망한 거 억울하지? 우리 송나라가 도와줄 테니 같이 손잡고 금나라 공격할래?"라고 실제 제안을 해요.

그리고 이런 송나라의 망발은 고스란히 금나라 귀에 들어갑니다. 세상에 완전한 비밀이 어디 있어요. 그럼 금나라는? 당연히 "이 미X놈들을 봤나?"라며 바로 송나라 공격을 시작해요. 자, 이제 송나라는 멸망 카운트다운에 들어갑니다.

송나라, 멸망하다

금나라의 대군이 남쪽으로 밀려온다는 소식을 들은 휘종. 예술만을 사랑했던 휘종. 그냥 예술가로 태어났더라면 역사에 훌륭한 예술가로 기억되었을 휘종. 금나라 대군 소식에 바로 수도를 버리고 남쪽으로 튀어버립니다. 한술 더 떠서 남쪽으로 튀기 전에 자기 아들을 다음 황제 자리에 앉힙니다. 즉 그 말은 "아들아, 미안하다. 아빠는 도망가서 살 테니까 아들 너는 수도에 남아서 아빠 대신 인질이 되든 처형이 되든 좀 해. 부탁할게"란 뜻이었죠. 참, 못난 황제에 못난 아빠였습니다.

그런데 문제는 그 아버지에 그 아들이었어요. 휘종의 아들, 이름은 '흠종'이라고 하는데 그놈도 수도를 탈출하려고 합니다. 그러나 성난 백성들은 그 길을 막아버리죠. "황제가 나라를 버리면 누가 이 나라를 지킨단 말입니까?"라고 외치면서요. 지렁이도 밟으면 꿈틀거린다고 하지요. 수도 함락이 코앞 현실로 다가오자 송나라 수도인 카이펑[開封] 백성들은 "죽더라도 싸우다 죽자!"라며 하나로 뭉칩니다. 그리고 금나라군과 치열하게 교전을 벌어요. '송나라 이놈들 생각보다 매운데?'라고 생각한 금나라군은 일단 잠시 전투를 멈춥니다.

송나라의 마지막 황제 흠종

그러자 흠종과 송나라의 머저리 신하들은 "어? 금나라군이 전투를 중단했다. 당장 달려가 평화 협상을 하자"라고 버선발로 금나라군 진영으로 달려갔습니다. "무슨 조건이든지 말씀만 하세요. 다 들어드리겠습니다"라고 싹싹 빌어요. 기세등등해진 금나라 측은 이런 말도 안 되는 조건을 겁니다. "황금 500만 냥 그리고 송나라 북부 국토 대부분을 달라"라고 요구해요. 그것도 모자라 "그리고 앞으로 송나라는 금나라를 삼촌이라고 불러라"

라는 요구까지 합니다. 흠종은? 다 들어줍니다.

금나라 대군이 물러가자 흠종은 착각을 해요. "이제 평화구나"란 착각을요. 그리고 남쪽으로 도망간 아빠도 다시 부릅니다. "아빠, 여기 다 정리됐어요. 안심하고 올라오세요"라고요. 그래서 '예술가' 휘종도 다시 송나라 수도 카이펑으로 돌아옵니다. 그리고 다시 예술품 수집을 하기 시작해요. 송나라의 '평화주의자' 신하들도 "이제 안심해도 돼. 평화의 시대가 온 거야. 하하하"라며 다시 먹고 마시고 파티를 하기 시작해요.

그러나 금나라는 다시 송나라를 공격하기 시작했어요. 왜? 그들의 목표는 중원 정벌이었기 때문이죠. 송나라 흠종은 멘붕이 옵니다. 이때 곽경(郭京)이란 도사를 가장한 사기꾼이 등장해요. 그러면서 "폐하, 제가 도술을 좀 하는데 도술로 금나라군을 물리치겠습니다"란 X 같은 소리를 합니다. 흠종은 어찌했을까요? 그 말을 또 믿어요.

자, 곽경이란 도사는 신병(神兵), 즉 신의 병사를 만들면 금나라를 물리칠 수 있다고 합니다. 생일이 똑같은 병사 7,777명을 뽑아 흰옷을 입히고 7일 동안 "금나라를 물리치게 해주세요"라고 신에게 기도를 하게 합니다. 그리고 진짜 병사들은 다 물러나게 해요. 그 모든 과정을 흠종은 정말 믿었어요. 그리고 드디어 금나라군이 수도 앞까지 왔을 때 수도 성문을 활짝 열어버립니다. 그리고 흰옷을 입은 '신병'들에게 주문을 외우면서 금나라군 쪽으로 돌진하게 만듭니다. 아! 이 흰옷을 입은 신의 병사들, 금나라군의 일격에 다 죽습니다. 금나라군도 처음엔 좀 오싹했을 거예요. 흰옷을 입은 웬 미친놈들이 주문을 외우며 자기 쪽으로 달려오니까요. 그러다가 깊은 깨달음을 얻었을 겁니다. '그냥 미친놈들이군'이라면서요. 그렇게 금나라군은 수도로 무혈입성을 합니다.

송나라는 이렇게 사기꾼 도사 곽경의 사기에 정말 코미디같이 망하고 맙니다. 이러니 〈개그콘서트〉가 살아남을 수 있겠어요? 서기 1127년의 일이었습니다. 송나라 현직 황제 흠종뿐 아니라 도망갔다 안심하고 다시 수도로 돌아와 예술 활동을 하던 전직 황제 휘종과 수많은 황족, 고위 관리들은 싹 다 금나라로 끌려갑니다. 당시 만주족의 근거지였던 지금의 중국 북부 하얼빈으로 끌려간 휘종과 흠종은 만주 벌판의 그 추위 속에서 불쌍하게 죽어갔습니다. 맞아요, 겨울이면 영하 20도까지 떨어지고 얼음 축제로 유명한, 그 추운 하얼빈 맞습니다. 야사에 따르면 휘종은 자기 처지를 비관하며 매일같이 울어 눈까지 멀었다고 합니다.

남송(南宋)으로 겨우 생명을 이어가는 송나라

그러나 송나라가 아주 완전히 망할 운명은 아니었어요. 잠깐 출장으로 지방에 나가 있던 휘종의 아들이 하나 있었어요. 수도가 함락되고 아빠 휘종 등이 금나라군에 끌려갔다는 소식을 들은 그 아들은 바로 남쪽으로 도주합니다. 그리고 지금의 항저우[杭州]를 새 수도로 정하고 송나라를 이어갑니다. 이것이 바로 남송(南宋)이랍니다. 남쪽의 송나라란 말이지요. 처음엔 금나라군도 남송 지역까지 쳐들어갑니다. 그러나 의외로 '남쪽 송나라' 사람들이 치열하게 반격을 해서 금나라군은 "일단 돌아

갈게. 나중에 보자"라고 북쪽으로 돌아갑니다.

자, 남송의 황제가 된 휘종의 아들이자 흠종의 동생, 그는 어떤 인간이었을까요? 일단 남송의 '고종'이라 불립니다. 그런데 그 피가 어디 가겠습니까? 남송의 고종 황제 또한 겁쟁이 겸 졸보, 두 직책을 겸임한 인간이었습니다. 나라 반쪽이 날아간 그 와중에도 "금나라 여진족 놈들이 이먼 남쪽까지 쉽게 쳐들어오겠어?"라고 방심하며 매일매일 또 파티를 벌였어요. 자기들이 버린 북쪽 지역의 송나라 백성들

남송 초대 황제 고종

은 금나라 여진족들에게 매일 죽임을 당하고 약탈을 당하는 생지옥 속에 살던 그 와중에서도 말이죠.

이때 남송 정부에는 두 가지 주장을 하는 파가 생깁니다. 바로 "금나라와 맞서 끝까지 싸우자"란 파, 그리고 "이 정도에서 적당히 타협하자"란 파. 이렇게 두 가지 주장이 등장한 겁니다. 인조가 병자호란 때 남한산성으로 튄 상황에서 "청나라에 굴복하자", "청나라와 맞서 싸우자"란 두 가지 주장이 등장한 것과 똑같아요. "금나라와 끝까지 싸우자!"라고 주장한 사람은 악비(岳飛)란 사람이고, "금나라와 평화 협상을 하자"라고 주장한 사람은 진회(秦檜)란 사람이었어요. 그럼 남송의 고종은? 당연히 진회 편이었답니다. 절대 싸우기 싫었으니까요.

악비는 용감한 장수였어요. 금나라군이 남쪽으로 다시 치고 내려온다는 소식을 듣고 군대를 이끌고 북쪽으로 올라가 금나라군을 연속으로 격파합니다. 악비의 목표는 '잃어버린 송나라 북부 중원'을 다시 되찾는 것이었습니다. 이를 악물고 돌진하는 악비군은 결국 송나라의 원래 수도였던 카이펑을 거의 수복하기 직전까지 갑니다. 지금까지 천하무적이었던 금나라군도 악비가 나타났다는 소식이 들리면 일단 싸워보지도 않고 후퇴를 할 정도였어요.

당연히 금나라에 의해 도륙을 당한 옛 송나라 북부 지역에서 악비는 그야말로 슈퍼스타가 됩니다. 그러나 이런 악비의 맹활약에 질투를 느낀 사람이 있었어요. 바로 "금나라와 협상하자"라고 주장한 진회와 남송

남송의 무장 악비

황제 고종이었답니다. 당연하죠. 임진왜란 때 연전연승으로 백성들 사이에서 슈퍼스타가 된 이순신 장군을 머저리 선조가 극도로 질투한 것과 같아요. 특히 악비의 라이벌이었던 진회는 악비가 인기스타가 되는 것을 두고 볼 수가 없었답니다. 그래서 황제를 꾀어서 악비를 남송의 수도로 계속 호출해요. 그러나 악비는 계속 금나라군과 싸우면서 황제의 호출 명령을 '읽씹'합니다. 왜? 자기도 알았어요. 수도로 돌아가면 죽는다는 걸요. 잃어버린 송나라 북부 땅 수복이 바로 코앞인데

돌아가서 허무하게 죽을 순 없었던 거죠.

　하지만 열 받은 황제는 계속 악비를 호출했고 결국 '어명'을 더 이상 무시할 수 없었던 악비는 피눈물을 흘리며 남쪽 수도로 돌아갑니다. 돌아가며 "내가 송나라 부활을 위해 피 흘린 세월이 다 물거품이 됐구나!"라고 외쳤다고 합니다. 진회와 남송 황제는 '악비를 그냥 놔두면 금나라와의 평화 협상이 물거품이 된다'는 생각에 악비를 죽이기로 결심하고 있지도 않은 반역죄를 뒤집어씌워 결국 악비를 죽여버립니다. 지금도 항저우에 있는 악비 사당에 가면 악비의 친필 "환아하산(還我河山)"이란 글이 남아 있어요. "나에게 천하를 돌려달라"란 악비의 절규였습니다. 참고로 지금 중국 항저우의 악비 사당 앞에 가면 웬 남자 동상이 무릎을 꿇고 철창에 갇혀 있고 지나가는 중국 사람들이 그 동상에 침을 뱉는 걸 볼 수 있어요. 바로 '매국노' 진회의 동상입니다.

악비가 억울하게 죽은 후 남송의 멸망도 슬슬 카운트다운에 들어갑니다. 악비라는 눈엣가시가 사라진 후 진회와 고종 황제는 거침없이 금나라와 협상에 들어갑니다. 그래서 바로 합의서에 도장 찍어요. 그런데 그 내용을 보면 참으로 어이가 없어요. 송나라가 금나라에 돈을 바치는 것은 기본이고요. 합의 이후 송나라는 금나라의 신하 국가가 된다는 내용과 송나라 황제는 금나라에서 임명해준다는, 굴욕도 그런 굴욕이 없을 내용이 포함되었답니다. 그렇게 굴욕적인 합의를 한 후 고종과 진회는 다시 남송으로 돌아와 신나게 놀기 시작합니다. 왜? 이제 금나라가 송나라를 공격할 일이 없다고 자만한 것이죠.

칭기즈칸의 몽골제국, 금나라와 남송을 세트로 멸망시키다

금나라가 열심히 남송을 괴롭히고 있을 때 금나라 북쪽 초원 지대에 또 다른 유목 민족이 힘을 키우고 있었어요. 바로 몽골족이었답니다. '몽고(蒙古)'란 한자 표기는 중국 한족이 몽골족을 비하하기 위해 만든 표현이랍니다. '몽(蒙)'은 '어리석다'란 뜻이고 '고(古)'는 '오래되다'란 뜻이에요. 즉, '어리석은 구닥다리 민족'이란 뜻으로 중국 한족이 의도적으로 만든 표현입니다. 몽골족은 이 중국식 한자 표현 '몽고'를 굉장히 싫어해요. 이제부터라도 '몽골'이라고 부르는 건 어떨까요?

하여간 1162년(?) 몽골 초원에서 태어난 '테무친'이란 인물이 몽골의 여러 부족을 하나로 뭉쳐 1204년 통일 몽골제국을 세웁니다. 그리고 스스로를 '칭기즈칸'이라고 개명을 해요. 몽골어로 '칭기즈'는 '가장 위대한'이라는 뜻이고 '칸'은 '추장'이라는 뜻이랍니다. 즉, '가장 위대한 추장, 지도자'란 말이지요. 칭기즈칸이

세계 최대의 제국을 세운 칭기즈칸

나라를 통일한 다음 가장 먼저 한 일은 금나라를 공격한 것이었어요.

왜? 금나라는 사실 아래 송나라를 공격하는 와중에 북쪽의 몽골의 여러 부족을 끊임없이 분열시켰어요. 왜냐면 '통일된 유목 민족은 우리 여진족으로 족하다. 그리고 이놈들, 몽골족도 우리 금나라처럼 하나로 통일되면 우리에게 아주 큰 위협이 될 수 있다'란 생각에 여러 몽골 부족들을 계속 분열시키려 했어요. 그 방식이 좀 잔인했어요. 각 부족들 가운데 '좀 가능성이 있어' 보이는 사람들은 그냥 죽여버리는 방식이었죠. 그러니 몽골족의 입장에선 금나라가 그냥 철천지원수였던 겁니다. 당연히 칭기즈칸은 "금나라! 딱 기다려! 이젠 우리가 너희를 박살 낼 차례다!" 했겠지요.

서기 1210년, 몽골족이 통일 국가를 만들었다는 소식을 들은 금나라는 몽골에 사신을 보냈습니다. "어이, 동생. 경사 났다고 들었는데 내려와서 우리 금나라 형님께 정식으로 인사하고 보고 올려"란 메시지를 가지고요. 사신의 그런 말을 듣자마자 칭기즈칸은 남쪽 금나라를 향해 침을

뱉었습니다. "웃기지 말고, 가서 우리와 전쟁 준비나 해라"란 말이죠. 칭기즈칸은 몽골 병사들을 향해 "우리 형, 아버지, 삼촌을 죽인 금나라에 복수를 할 때가 왔다!"라고 외치며 다음 해인 1211년, 금나라를 대대적으로 공격하기 시작합니다.

거침없이 남쪽으로 쳐들어간 몽골군은 금나라의 수도 중도(中都, 지금의 베이징)를 완전 포위합니다. 나라가 망하기 직전까지 온 금나라의 황제는 "제 딸과 부인을 바칠 테니 이쯤에서 한번만 봐주세요"라고 읍소를 합니다. 세상에 이런 매정한 아빠와 남편이 있다니. 자기 살자고 자기 딸과 부인을 바치다니. 하여간 칭기즈칸은 숨 고르기가 필요하다는 생각에 합의를 해주고 다시 북쪽으로 돌아갑니다.

"십년감수했다"라고 한숨 돌린 금나라 황제는 서둘러 수도를 남쪽 카이펑으로 옮겨버려요. '몽골에서 멀리 남쪽으로 도망가자', 이런 생각이었죠. 여기에 칭기즈칸은 격분합니다. "이놈들이 수도를 멀리 옮긴 것은 장기전으로 우리와 한판 끝까지 해보겠다는 것 아닌가!"라고요. 그리고 다시 군대를 끌고 내려와 금나라의 옛 수도인 중도를 포위시켜 공격하고 바로 함락시켜요. 이제 몽골이 할 일을? 그렇죠! 새 수도인 카이펑까지 치고 내려가서 금나라의 숨통을 끊는 일이겠지요. 그런데 엉뚱한 변수 하나가 터집니다!

칭기즈칸이 금나라를 공격하고 있는 동안 서쪽 중앙아시아의 '호라즘'이라고 하는 경제 대국이 있었는데 일단 외교 관계나 좀 맺고 싶어 칭기즈칸이 사신을 보내요. 그런데 호라즘에서 칭기즈칸의 사신들을 죽여버린 겁니다! 이건 선전포고였지요. 칭기즈칸은 작전을 변경합니다. "몽골 병사들! 금나라 공격 잠깐 스톱! 서쪽에 어떤 놈이 나 열 받게 했는데 그 놈부터 먼저 작살내러 간다! 가자! 서쪽으로!" 하면서 칭기즈칸의 중앙아시아 정벌이 시작돼요. 호라즘은? 단번에 박살 납니다. 예, 칭기즈칸에 의해 나라가 망해요. 칭기즈칸은 그래도 성이 안 차서 "야! 여기까지 온 김에 서쪽으로 더 가보자!"라면서 지금의 러시아 부근까지 침공해 들어갑니다. 몽골의 유럽 정벌의 시작이었죠.

유럽을 비롯해 전 세계를 공포에 떨게 한 칭기즈칸의 세계 정복 전쟁. 호라즘이 처음부터 칭기즈칸의 사신을 잘 대접해줬다면 아마 이런 정복 전쟁도 없었을 테고 세계사는 아마 많이 달라졌을 겁니다. 하여간 전 세계를 돌며 전쟁을 벌이던 칭기즈칸은 중국 옆의 대하(大夏)란 나라를 공격하던 중 1227년, 66살의 나이로 사망합니다. 그리고 그의 아들인 오고타이가 새로운 몽골 지도자가 돼요. 오고타이는 칸(몽골 지도자)이 되자마자 "예전에 우리가 손보다가 잠깐 스톱했던 금나라, 이제 완전 숨통을 끊자"라고 선언을 합니다.

사실 금나라는 칭기즈칸이 유럽 원정을 떠난 후에 조금 '삘짓'을 했어요. 남송과 손잡고 같이 몽골과 맞서도 모자랄 판에 "몽골 애들 안 온다. 이때 남송 치자"라고 해서 남송과 쓸데없이 전쟁을 계속합니다. 그런데 남송이 의외로 금나라의 공격을 잘 막아요. 게다가 그전까지 남송은 계속 금나라에 매년 꼬박꼬박 돈을 바치고 있었거든요. 아시죠? 그 돈은 "금나라가 남송을 공격하지 않는다"가 조건이었잖아요. 그런데 금나라가 공격을 하네? 그 말은 더 이상 돈을 줄 필요가 없단 말이죠. 남송에서 입금되는 돈까지 끊긴 금나라는 경제 상황도 개판이 되어갑니다. 이런 최악의 상황에 '세계를 정복한' 몽골군이 다시 쳐들어온 겁니다. 버티겠습니까? 금나라의 마지막 황제는 궁을 버리고 도주하다 결국 자결을 하고 금나라는 몽골군에 의해 결국 멸망하고 맙니다. 서기 1234년의 일이었습니다.

이제 몽골의 다음 타깃은? 맞아요. 남송이었죠. 몽골은 드디어 1258년, 대대적인 남송 정벌에 들어갑니다. 남송 정벌의 최고 사령관은 칭기즈칸의 손자인 '쿠빌라이'란 인물이었어요. 남송은 죽기 싫어 처절하게 애원을 합니다. 이번에도 평화를 돈으로 사려고 해요. 엄청난 돈을 계좌로 매년 입금해드릴 테니 제발 살려만 달라고요. 그러나 쿠빌라이는 그런 남송의 애원에 콧방귀도 안 뀝니다. 그런데! 한창 남송 공격을 하던 중이던 1259년! 갑자기 쿠빌라이가 남송 공격을 중단하고 몽골 본국으로 돌아갑니다! 왜? 당시 몽골의 최고 지도자는 쿠빌라이의 형이었던 '몽케칸(몽키 아닙니다)'이란 사람이었는데 같이 남송을 공격하다 병에 걸려 급사를 해버려요. 그런데 쿠빌라이의 동생 녀석이 갑자기 "오늘부터 내가 칸 할래" 하면서 최고 지도자 자리에 앉아버린 겁니다. 여기에 쿠빌라이가 격분한 거죠. "이놈이! 찬물도 위아래가 있는데! 너 딱 기다려!"라며 몽골로 급히 돌아간 겁니다.

쿠빌라이는 동생과 권력 다툼 끝에 결국 몽골 최고 지도자 '칸'이 됩니다. 그리하여 '쿠빌라이칸'이 된 것이죠. 참고로 당시 고려는 이 권력 다툼에서 배팅을 잘했어요. 동생이 아니라 쿠빌라이 편에 선 것이죠. 당연히 쿠빌라이는 이런 고려가 고마웠고 그래서 고려를 멸망시키는 대신 "고려는 그냥 놔두고 우리 몽골 공주들을 고려왕에게 시집 보내라"란 대우를

해준 겁니다. 하여간 이 쿠빌라이가 생
각합니다. "우리 몽골도 더 이상 못 배
운 유목 민족으로 살 순 없다. 중원의
주인이 되자"란 생각을요. 그리고 바로
수도를 몽골 초원 한가운데서 지금의
베이징으로 옮깁니다. 그리고 나라 이
름도 몽골에서 원(元)으로 바꿔요. 서
기 1271년의 일이었습니다.

원나라 초대 황제 쿠빌라이칸

이제 남은 일은? 그렇죠. 중원에 두 명의 주인이 있을 순 없죠. 남쪽의
남송 정벌에 들어갑니다. 남송은 마지막까지 처절하게 저항했어요. 하지
만 상대는 당시 세계 최강의 몽골군이었습니다. 당해낼 수가 없었죠. 점
점 남쪽으로 밀려서 더 이상 갈 곳이 없어진 남송의 황제와 지도부는 지
금의 홍콩 옆의 애산(厓山)이란 조그만 섬까지 밀려 내려와요. 이 애산에
서 남송은 최후의 해전을 벌였지만 패배하고 맙니다. 배 위에서 송나라
의 마지막을 지켜보던 육수부(陸秀夫)란 송나라 재상(국무총리)은 눈물을
흘리며 자기의 처자식을 다 바다에 밀어 넣습니다. 그리고 당시 9살이던
남송의 마지막 황제 허리띠에 금으로 만든 옥새를 단단히 묶고 어린 황
제를 꼭 껴안고 같이 바다로 뛰어듭니다.

이때 남송의 황족들과 같이 바다에 뛰어든 사람들이 있었습니다. 기억
하시죠? 송태조 조광윤이 유언으로 "절대 후주의 황족 후손들을 죽이지
마라. 크게 대우해주라"라는 말을 남겼다는 걸요? 이 철칙은 남송 때까지
이어졌습니다. 그래서 후주의 후손들은 그 은혜를 갚기 위해 남송의 운

명을 같이 받아들입니다. 이때 홍콩 애산 앞바다에 떠오른 시신은 10만 명이 넘었다고 합니다. 이것이 남송을 포함한 송나라가 멸망한 순간입니다. 그리고 역사상 처음으로 유목 민족이 중국 대륙 전체를 장악한 순간이었습니다. 서기 1279년의 일입니다.

원나라, 100년도 못 되어 멸망하다

쿠빌라이칸이 나라 이름을 몽골에서 원나라로 바꾸면서 중국 대륙을 장악했다고 했지요? 그러면 칭기즈칸이 정복한 그 엄청난 땅덩어리는 그후 어찌되었을까요? 분열되고 맙니다. 일단 쿠빌라이가 동생과 권력 싸움을 하는 과정에서 동생 편에 섰던 인물들은 "나는 쿠빌라이와 함께하지 못한다. 난 몽골 초원으로 돌아가겠다"라고 선언했고, 또 칭기즈칸의 다른 아들들도 "쿠빌라이 지가 뭔데 나라 이름을 중국식으로 바꾸고 수도도 중원으로 옮기냐? 우린 몽골인이야!"라고 선언하면서 원나라와 함께하지 못한다고 반발했어요. 그러면서 칭기즈칸이 정복한 그 엄청난 땅(중앙아시아에서 거의 러시아까지)을 여러 개의 '칸국(汗國)'으로 나누고 독립을 해요. '칸이 다스리는 나라'란 뜻이죠. 우리가 세계사 시간에 그렇게 무조건 외워야만 했던 '킵차크 칸국' 등이 바로 이때 원나라에서 떨어져 나간 '몽골족 독립국'이랍니다.

하여간 원나라를 세운 쿠빌라이는 고민에 빠집니다. 당시 몽골족은 겨우 100만 명, 중국 한족은 1억 명이 넘었어요. '100만 명으로 어찌 1억명을 통치할까'란 고민이었죠. 쿠빌라이는 먼저 과거제도를 폐지합니다. 왜? 당시 몽골족 대부분은 문맹이었거든요. 그런데 무슨 공자 왈 맹자 왈입니까? 과거시험으로 관리를 뽑으면 대부분 공부 좀 한 중국 한족들이관리가 될 테고 그러면 '일자무식' 몽골족은 고위 공무원 자리에 못 들어가잖아요. 그래서 과거를 없애버립니다.

그럼 누군가는 고위 공무원 자리에 들어와 나라를 다스려야 하는데 중국 같은 큰 나라와 그 많은 인구를 통치해본 적이 없는 몽골족은 어떤 선택을 했을까요? 공무원을 수입해옵니다. 중동 지역의 '배운' 이들을 수입해 관리직에 앉힙니다. 당시 몽골족에겐 이런 '아랍 공무원 수입'은 일도아니었습니다. 왜? 이미 자기들이 다 정복하고 통치하던 곳이 중동의 아랍권이었기 때문이지요. "야, 모하메드 동생, 여기 원나라 와서 7급 공무원 하나 해라." 그러면 바로 달려와야 했어요. 이런 중동 출신 원나라 관리들 또 중동 출신 상인들을 '색목인(色目人)'이라고 불렀어요. 말 그대로'눈 색깔이 다른 사람들'이란 말이죠.

중동인뿐 아니라 많은 유럽인도 원나라로 몰려왔습니다. "도대체 몽골족에게 뭐가 있기에 이다지도 파워풀하냐"란 공부를 하기 위해서요. 그중엔《동방견문록》을 쓴 이탈리아인 마르코 폴로도 있었습니다. 마르코폴로가 무려 27년 동안 원나라를 돌아다니며 보고 들은 걸 쓴 것이《동방견문록》인데 고향 이탈리아 사람들은 그 내용을 믿지 않았습니다. "너무뻥이 심하다"란 것이었죠. 심지어 이탈리아에서 마르코 폴로의 별명은'백만(밀리언)'이었습니다. 뭐든 "원나라엔 사람도 백만, 말도 백만, 마차

27년간 동방을 여행한 마르코 폴로   마르코 폴로의 여행기 《동방견문록》

도 백만, 식당도 백만"이라 말하고 다녔기 때문입니다. 마르코 폴로가 죽기 전 신부가 "어이, 너 평생 원나라에 대해 뻥만 치고 다녔잖아. 죽기 전에 고해성사해. 안 그러면 너 지옥 가"라고 했대요. 그러자 마르코 폴로는 "내가 본 것 중 아직 반도 얘기 안 했다"라고 했다지요. 그만큼 유럽인들이 상상하기엔 원나라는 '가공할 정도로 발전한 국가'였어요.

하여간 이런 식의 과거시험 폐지, 한족 차별, 외국인 관리 수입 때문에 결과적으로 원나라엔 '계급 제도'가 생겨요. 총 4개의 계급이 생겼답니다. 가장 높은 계급은 당연히 몽골족, 그다음은 중동에서 온 색목인, 그다음은 북부 지역 한족, 가장 낮은 계급은 '구 남송인'이었답니다. 남송 출신은 거의 노예 취급을 받았어요. 건방지게 몽골에 끝까지 저항했다는 죄목이었습니다. 이런 차별 정책은 나중에 결과적으로 원나라가 단명하는 원인이 됩니다.

그런데 마르코 폴로가 직접 와보고 경악할 정도로 발전한 원나라는 무엇 때문에 그렇게 발전을 했을까요? 바로 '전 세계와 연결된 고속도로' 덕분이었습니다. 말씀 드린 것과 같이 몽골족은 말을 타고 달리며 정말 거의 전 세계를 정복했어요. 그런데 말도 생명인지라 중간중간 휴게소에 들러 물도 먹고 쉬고 해야 하잖아요. 말을 타는 사람은 말할 것도 없고요. 그래서 중앙아시아와 러시아에 이르는 그 광대한 땅덩어리 곳곳에 '역'을 설치했어요. 무려 1만 개가 넘은 역이 그 넓은 땅 곳곳에 있었던 거죠. 그리고 국가가 발행한 통행증이 있으면 역의 호텔과 식당을 마음대로 쓸 수가 있었어요. 당연히 그러다 보니 중앙아시아와 유럽인들이 수시로 원나라에 와서 무역을 할 수 있었고 원나라도 '메이드 인 차이나' 물건을 전 세계에 팔 수 있었지요. 당시 원나라 수도인 대도(大都, 지금의 베이징)에는 색목인들로 넘쳐났다고 합니다. 경제가 발전할 수밖에 없었지요.

이런 경제 발전에도 불구하고 원나라는 왜 100년을 못 갔을까요? 바로 쿠빌라이 사후 벌어진 말도 안 되는 권력 투쟁 때문입니다. 몽골제국부터 원나라까지 기억해야 할 인물은 '칭기즈칸, 쿠빌라이칸' 단 두 사람밖에 없을 정도로 나머지 지도자들 족보는 개판 그 자체였어요. 원래 몽골족은 다음 지도자를 정할 때 '왕의 큰아들' 같은 중국 제도가 아니었어요. 지도자가 죽으면 '쿠릴타이'라고 불리는 '여러 부족장 회의'가 열려서 그 회의에서 토론 끝에 다음 지도자를 선출했어요. 나름 굉장히 민주적이었죠. 이런 몽골족의 '토론 후 다음 지도자 선출' 전통이 중국식 '왕의 큰아들이 다음 왕' 제도와 일순간에 섞이면서 대혼란이 온 겁니다. 쿠빌라이가 죽은 후 형이 동생을 죽이고 동생이 형을 죽이고 어머니가 아들을 배신하고 삼촌이 조카를 죽이고 신하가 황제를 쫓아내고, 아, 이 개판 권력 다툼 부분은 그냥 스킵하는 것이 장수에 도움이 될 겁니다. 1308년부터 1333년까지 25년 동안 무려 8명의 황제가 올라가고 쫓겨나요.

홍건적의 난 발발

자, 원나라 멸망의 결정적 역할을 한 것은 바로 한족 차별이었어요. 몽골인이 한족을 죽이면 벌금 정도였는데 한족이 몽골인을 죽이면 바로 사형이었을 정도로 차별이 심했어요. 또 한족이 화살 같은 무기를 만들 것을 우려해 한족은 대나무도 살 수 없었어요. 또 칼을 들고 몽골족에게 대항할 가능성이 있다고 해서 식칼도 동네에서 하나만 공동으로 쓸 수 있었답니다. 문제는 이런 '억압받는' 한족의 수가 무려 1억 명, 그리고 억압하는 몽골족은 겨우 100만 명이라는 것이었지요. 한족은 속으로 부글부글하면서 '딱 기회만 와라. 뒤집어엎어 주마' 하고 있었어요.

중원의 한족이 벼르고 있을 때 원나라에서 갑자기 사람들이 우르르 죽어나가기 시작했어요. 바로 유럽 인구의 3분의 1을 앗아간 흑사병이 중국 대륙에도 전파가 된 겁니다! 몽골의 '전 세계 고속도로'를 통해 물건만 이동한 것이 아니라 유럽 대륙의 흑사병도 들어온 겁니다! '세계화 시대'에 코로나19 바이러스가 비행기를 타고 여행객을 통해 순식간에 전 지구

세계에서 가장 오래된 운하, 경항대운하

에 번져버린 것처럼 말이죠.

　원나라는 오래가지 못할 운명이었습니다. 중국에는 크게 두 개의 강이 있지요? 북쪽의 황하강, 그리고 남쪽의 양자강, 이렇게요. 원나라 말기에 북쪽의 황하에서 계속 홍수가 나서 중국 대륙을 연결한 대운하가 막혀버립니다. 기억하시죠? 수나라의 양제가 만든 대운하요. 그 운하가 막혀버린 겁니다. 중국 '국내 고속도로'가 막혀버린 것이죠. 당연히 원나라 정부는 대규모 인력을 동원해 막힌 운하를 다시 뚫으려고 했어요. 누가 동원되었을까요? 몽골족? 절대 아니죠. 바로 한족을 동원한 겁니다. 변변한 도구가 있었을까요? 말 그대로 막힌 운하를 맨손으로 다시 뚫으란 것이었죠.

흑사병으로 죽어나가고 대규모 토목공사에 끌려가 또 억울하게 죽고…
한족은 지금껏 견딜 만큼 견뎠습니다. 모든 중국 농민 반란의 시작은 이거
예요. 진시황의 만리장성 건설 때부터요. '이왕 죽을 거, 한번 대들기나 해
보고 죽자'란 생각 말이죠. 드디어 1351년 머리에 붉은 수건을 두른 한족
농민들이 대거 들고 일어납니다. "몽골 놈들 물러나라! 몽골 고 홈!"이라
고 외치면서요. 바로 원나라의 멸망을 가져온 '홍건적의 난'입니다.

몽골
Mongol: The Rise Of Genghis Khan

개봉	2011
장르	드라마, 로맨스, 전쟁
감독	세르게이 보드로프

몽골제국을 건설한 칭기즈칸의 일대기를 그리다!

몽골을 하나의 거대 제국으로 만들고 중국 대륙뿐 아니라 전 세계를 몽골의 지배하에 있게 만든 칭기즈칸의 일대기를 그린 영화 중 가장 수작인 작품. 부족 간의 세력 다툼이 끊이지 않던 12세기 몽골 초원에서 테무친(훗날 칭기즈칸, 아사노 타다노부 분)이 태어난 순간부터 영화는 시작된다. 어렸을 때 아버지를 잃고 스스로 크는 법을 배워나가는 테무친. 어머니와 가족을 지키며 점점 세력을 키워가며 결국 수많은 몽골 부족을 하나로 통합하고 몽골제국을 건설한다. 일개 초원의 방랑자였던 테무친이 어떤 과정을 통해 제국을 건설했고 또 전 세계를 자신의 호령하에 두게 되었는지 과장과 꾸밈 없이 잔잔하게 그려나갔다.

강희제

강희제
청나라 '3대 황제' 강희제, 옹정제, 건륭제 중 제일 처음 황제인 강희제(康熙帝)입니다. 청나라를 무려 61년 동안 통치합니다! 청나라 전체 역사의 무려 4분의 1을 차지한 황제였어요. 약간 과장해서 '강희제 = 청나라 역사'일 정도였답니다.

6장

명나라와
대륙을 차지한 만주족

AD 1368 - 1840

명나라부터 청나라까지

주원장,
거지가 황제 되다

왜 하필이면 '붉은색'이었나. 다른 역사책에선 그냥 "홍건적의 난이 일어났습니다"라고 설명하고 넘어가잖아요. 이 책은 뭔가 달라야 겠지요. 당시 한족 반란군의 목표는 원 나라가 멸망시킨 송나라의 부활이었어 요. 당연하지요. 그런데 음양오행으로 보 면 송나라는 불(火)의 기운으로 만들어진 나라거든요. 당연히 붉은색이죠. 그래서 "타도 몽골! 부활 송나라!"의 뜻으로 머 리에 붉은 수건을 맨 겁니다.

이 홍건적을 이끈 지도자 이름은 주원 장(朱元璋). 바로 원나라를 멸망시키고 다

명나라 초대 황제 주원장

시 한족의 나라 명나라를 건국한 인물입니다. 원래 본명은 주중팔(朱重八)로 원나라가 한창 막장 드라이브를 달리던 1328년 태어났어요. 집안은 정말 찢어지게 가난했습니다. 너무나 가난해서 부모님과 형제 모두가 굶어 죽거나 흑사병에 걸려 죽었답니다. 고아가 된 어린 주중팔은 할 수 없이 절에 들어가 스님이 되었는데 당시 절이라고 해서 상황이 좋은 건 아니었답니다. 스님들도 먹을 것이 없어 굶던 상황이다 보니 어린 주중팔은 탁발승, 즉 집집마다 돌아다니며 먹을 것을 동냥하는 스님이 되어 근근이 먹고 살아갑니다.

그러나 '이렇게 굶어 죽는 건 다 몽골족 때문이다'란 생각에 당시 한창 송나라 부활 운동을 벌이던 홍건적에 합류를 해요. 그의 나이 25살 때였습니다. 그리고 이름을 바꿔요. '주원장(朱元璋)'으로요. 주(朱)는 주살(誅殺)하다, 즉 '죽여 없애다'의 '주(誅)'와 발음이 같죠. 그리고 원(元)은 당연히 원나라를 뜻했어요. 마지막으로 장(璋)은 '인재'란 뜻이거든요. 즉, '원나라를 죽여 없애는 인재'란 뜻입니다. 얼마나 원나라에 대한 증오가 끓었는지 짐작할 수 있지요.

세력을 키운 주원장은 홍건적에서 탈퇴한 후 자기만의 독자적인 혁명군을 만들어요. 그리고 중국 남부 지역을 거점 지역으로 삼습니다. 당연하지요. 원나라에 가장 불만을 가지고 있던 사람들은? 맞아요, 중국 남부에 살던 옛 남송 출신 한족들이었죠. 이들은 "타도 몽골"을 외치던 주원장 밑으로 우르르 몰려 들어가 합류합니다. 그리고 바로 중국 남부의 거점 도시 남경(南京)을 2만의 대군으로 점령해버려요. 이제 중국 대륙은 남쪽의 주원장, 북쪽의 원나라, 이런 대치 구도가 된 겁니다.

하지만 아무리 주원장의 갑자기 급성장했다고 해도 원나라는 그래도 '한때 세계 재패 타이틀'을 가지고 있던 대국이었습니다. 특히 중국 북부의 홍건적은 원나라군에 의해 거의 괴멸을 당했거든요. 원나라군에 밀려 북부 홍건적이 도주를 한 곳이 바로 우리 고려였어요. 이건 우리 국사 책에도 나오죠. '열 받은' 홍건적이 분풀이를 고려에 한 겁니다. 고려 수도 개경은 이들 홍건적에 점령까지 당해요. 물론 이 홍건적들을 다 깨부수고 개경을 다시 탈환한 사람은? 맞아요. 나중에 조선을 건국한, 당시 고려의 장수 이성계였습니다.

1368년 자기가 점령한 남부의 거점 도시 남경에서 주원장은 새 나라 건국을 선포합니다. 나라 이름은 명(明)나라. 수도는 남경(南京). 남부 중국에서 "몽골 놈들 갈아 먹어주겠어"라고 이를 갈던 옛 남송의 한족으로 구성된 군대가 25만 명에 이르자 주원장은 "이제 원나라 몽골족을 한족의 땅에서 몰아내자"라고 외치며 북쪽 원나라 공격에 들어갑니다. 주원장이 무서운 기세로 쳐들어오는 걸 보고 기겁을 한 원나라 마지막 황제는 베이징의 궁을 버리고 도망을 가다 객사하고 맙니다. 그리고 그의 아들인 황태자도 북쪽으로 도주해 옛 자기들 초원 지대에 새 나라를 세우는데 북쪽의 원나라라고 해서 '북원(北元)'이라고 부른답니다. 이 북원은 중국사의 주류엔 끼워주질 않아요. 왜? 이름만 '북원'이지 예전의 몽골족이 초원 생활로 다시 돌아간 것이기 때문입니다. 하여간 몽골족이 버리고 간 베이징을 주원장이 다시 접수를 하면서 거의 100년 만에 중국 대륙은 다시 한족의 땅이 됩니다. 서기 1368년의 일입니다.

명나라, 건국하자마자
쿠데타가 일어나다

　　명나라를 건국한 주원장은 정말 의심이 많은 사람이었어요. 하긴 어렸을 때 죽을 뻔한 고비를 여러 번 넘기고 산전수전 다 겪은 후 기적적으로 자수성가해서 중국 대륙의 주인이 되었기 때문에 아무도 믿지 않았답니다. 믿을 수 있는 사람은 오로지 자기 자신밖에 없다고 생각했어요. 그리고 콤플렉스가 이만저만이 아니었습니다. 특히 자기가 먹고살기 위해 승려가 되었다는 사실, 그리고 홍건적이란 도적 떼에 한때 몸담았다는 사실은 정말 숨기고 싶어 했어요. 어느 정도였냐면 자기 신하들에게 승(僧) 즉 '스님', 그리고 적(賊) 즉 '도적'이란 한자를 절대 쓰지 못하게 했습니다. 숨기고 싶은 자기 과거를 생각나게 한다는 이유에서요. 만일 그 글자를 쓰면? 황제 모독죄로 바로 사형이었답니다.

　　여러분 아시죠? 완전 흙수저였다가 졸부가 된 인간일수록 돈에 집착하는 것을요. 주원장도 그랬어요. 황제의 권위에 누군가 도전을 하면 가만 놔두지 않았어요. 그것이 맹자님이라고 해도요. 주원장이 하루는 맹자의 글을 읽다가 격분합니다. 왜? 맹자의 글 중에 "황제가 신하를 무시하면 신하는 황제를 원수로 생각해도 된다"란 글을 읽고 눈이 돌아간 겁니다. 격분한 주원장은 맹자의 책들을 다 불 질러버리라고 명령했답니다. 물론 신하들이 목숨 걸고 뜯어말려서 맹자의 책은 다행히 고비를 넘겼어요.

　　그리고 무엇보다도 정말 로또와 같이 당첨된 황제 자리를 무조건 자기 아들에게 물려주기 위한 집착은 정신병 수준이었어요. 절대 '제2의 주원장'은 나올 수 없다는 것이었죠. 즉, 명나라 황제는 무슨 일이 있어도 무조건 '주씨'가 해야 한다는 집착이었어요. 주원장의 큰아들은 주표(朱標)란 인물이었는데 아버지 주원장은 큰아들이 다음 황제가 되는 데 걸림돌이 된다고 생각하는 '장애물'들을 사정없이 다 죽여버립니다. 그것이 자기랑 같이 명나라를 건국한 건국 공신이라고 해도 국물도 없었어요.

그런데! 그 큰아들이 갑자기 덜컥 죽어버립니다! 주원장, 멘붕이 왔죠. 그러다 바로 정신 차리고 주표의 아들, 그러니까 자기 손자 주윤문(朱允炆)을 바로 후계자로 임명을 합니다. 그리고 그 손자의 집권에 방해가 될 만한 '장애물'들을 또 죽여버려요. 그 숫자가 무려 1만 5,000명에 달했답니다. 할아버지의 그런 미친 만행을 도저히 볼 수 없었던 손자는 할아버지에게 사람 죽이는 것 좀 그만하라고 말립니다. 그러자 할아버지 주원장은 손자에게 가시가 돋은 나뭇가지 하나를 건네주면서 이런 말을 해요. "내가 살아 있을 때 너를 위해 이 가시들을 다 없애고 있는 것이니 너는 입 닥치고 가만있어"라고요. 그렇게 명나라를 건국하고 파란만장한 삶을 산 명태조 주원장도 죽습니다. 서기 1398년, 나이 71살이었어요. 그리고 손자 주윤문이 명나라 2대 황제, 건문제(建文帝)로 즉위합니다. 손자의 나이 22살이었어요.

참고로 중국 황제 이름 중 '건문제'에서 '건문'은 그 황제가 통치했던 기간에 쓰인 '연호'랍니다. 즉, 건문제가 즉위한 첫해는 '건문1년'이 되는 것이죠. 그리고 건문제는 '혜종'이란 시호도 있는데 '시호'는 황제나 왕이 죽은 후에 받는 이름이랍니다. 조선의 세종, 태종 이런 이름도 다 왕이 죽은 후 받은 시호예요. 즉, 세종대왕도 죽은 후 나중에 자기가 세종으로 불릴지는 살아서는 몰랐어요. 그럼 조선의 왕은 왜 '연호'가 없냐고요? 큰일 나죠! 연호는 중국의 천자, 즉 중국의 황제만 쓸 수 있었답니다. '동생국가' 조선은 '형님 국가' 중국의 연호를 빌려와 썼어요.

하여간 그런데 문제가 하나 터져요. 주원장에겐 아들이 무려 26명이나 있었어요. 일찍 요절한 큰아들 주표 말고 '황제권'에서 멀어진 아들들을 달래기 위해 명나라 여러 지방에 내려가서 그 동네 '짱'을 하라고 각 지방에 내려보냈거든요. 즉 주원장의 아들들은 여러 지방의 '도지사' 비슷한 걸 하고 있었어요. 그런데 어린 새 황제는 이런 삼촌들이 두려웠답니다. 언제 수도인 남경으로 쳐들어와 자기 자리를 빼앗을지 모르는 상황이었기 때문입니다. 사실 삼촌들이 이런 생각을 했을 수도 있잖아요. '원래 황제가 될 예정이던 큰형(주표)이 죽었으면 우리 동생들 가운데 다음 황제가 나올 수 있는 거 아닌가?'란 생각을요.

주원장의 아들들, 즉 현재 황제의 삼촌들 가운데 실제 그런 생각을 한 사람이 있었어요. 바로 주원장의 네 번째 아들인 주체(朱棣)였답니다. 명나라 가운데 연경(燕京, 지금의 베이징)을 배정받아 그 동네 '짱'을 하던 분이었어요. 아버지 주원장을 따라 명나라를 건국하는 데 큰 공을 세운 사람인데 정말 황제가 되고 싶어 했답니다. 자기 큰형 주표가 요절한 후 은근히 아빠가 자기를 황제로 임명해줄 줄 알았는데 조카가 덜컥 황제가 되자 속이 부글부글했지요.

주체 삼촌이 자기 자리를 노리는 것을 눈치챈 조카 황제 건문제는 주체 삼촌을 날릴 계획을 세웁니다. 그러나 바로 날릴 수는 없었어요. 왜? 주원장의 여러 아들들 가운데 가장 많은 병력을 가진 정말 무서운 삼촌이었기 때문입니다. 그래서 건문제는 일단 주체는 놔두고 다른 삼촌들 제거에 먼저 들어가요. 하나둘씩 유배를 보내고 평민으로 강등시키고 자결을 하게 부추깁니다. 이렇게 돌아가는 꼴을 가만히 보던 주체도 알았어요. 최종 타깃은 자기라는 걸요. 그래서 "앉아서 죽기보단 먼저 치자"란 결심을 합니다.

결국 1399년, 주체는 대규모 병력을 이끌고 자기 근거지 연경을 출발해 남쪽 수도 남경으로 향합니다. 아, 당시 명나라의 수도는 남쪽 남경이었어요. 삼촌이 조카를 죽이러 떠나는 쿠데타였지요. 완전 조선에서 삼촌 수양대군이 조카 단종을 날려버리는 것과 싱크로율 100%입니다. 수도 남경에서 '삼촌군 vs 조카군'이 치열하게 전투를 벌이지만 안타깝게도 조카를 지켜줄 뛰어난 장수는 하나도 없었어요. 왜? 주원장이 아들, 손자 지킨다고 실력 있는 신하와 장수들을 무려 만 명 이상 죽여버렸기 때문입니다.

결국 수도 남경은 삼촌 주체에 의해 함락이 됩니다. 문제는 조카 건문제가 사라졌다는 겁니다. 주체는 조카를 찾아 궁 안을 미친 듯이 찾았지만 조카는 사라지고 없었어요. 누군가 불탄 시신 하나를 가져와 건문제라고 했지만 사실 여부는 알 수가 없었어요. 그래서 지금까지 "건문제가 궁을 탈출해 어디론가 도주했다"란 것이

명나라 제3대 황제 영락제

정설이에요. 하여간 수도를 점령한 주체는 스스로 명나라 황제 자리에 오릅니다. 바로 명나라 3대 황제 영락제(永樂帝)예요. 서기 1402년의 일입니다.

수도를 베이징으로 옮기고 자금성을 건설하다

조카를 없애고 황제 자리에 오른 영락제는 시작부터 정통성 시비가 있었어요. 당연하죠. '군사 쿠데타'였기 때문이죠. 그래서 영락제는 그 정통성을 보완하기 위해 당시 명나라 최고의 학자였던 방효유(方孝孺)에게 황제 즉위를 축하하는 글 하나를 써달라고 합니다. 당대 최고의 학자

명나라 최고의 학자 방효유

가 "황제 취임 정말 축하해요"란 글을 써주면 세상에 그런 정통성이 또 어디 있겠습니까. 마침내 방효유가 붓을 들고 황제 앞에서 글을 하나 써줍니다. 그런데! 그 글이 뭐였냐 하면 "연적찬위(燕賊簒位)"였어요! 풀이하면 "연경에서 온 도적이 황제 제위를 찬탈하다"라는 뜻이랍니다. 방효유는 죽을 각오를 하고 쓴 겁니다.

당연히 영락제는 눈이 돌아갔어요.

그리고 소리칩니다. "이 XX가 미쳤나? 야, 너 한 번 더 기회를 줄게. 고쳐 써. 안 그러면 구족을 다 죽이겠다!"라고요. '구족을 멸한다'의 구족은 '본 가, 처가, 외가'를 다 죽이는 겁니다. 그러자 방효유는 대답합니다. "십족 을 죽여도 내 마음은 변치 않는다"라고요. 결국 영락제는 방효유의 십족 을 다 죽입니다. 십족은 구족에 친구까지 포함한 겁니다. 그때 영락제가 죽인 사람 수만 거의 900명에 달해요. 영락제는 정말 잔인했어요. 한 명 씩, 한 명씩 죽이면서 그 죽이는 장면을 방효유가 다 보게 해요. 그리고 마 지막에 방효유의 허리를 끊어 죽여버립니다. 허리가 끊긴 방효유는 땅을 기어가며 자기 피로 땅에 "도둑놈, 도둑놈"이라고 쓰다가 숨을 거뒀어요.

이런 봉변을 당한 영락제는 결심해요. "여기 남경은 조카의 기운, 방효 유의 기운 등으로 재수가 없다. 수도를 옮기자"란 결심을요. 그리고 바로 자신의 근거지인 연경을 새 수도로 정하고 이사를 갑니다. 그리고 수도

유네스코 세계문화 유산으로 지정된 중국 베이징의 자금성

이름을 연경에서 북경, 즉 베이징으로 바꿔요. 그때부터 명나라의 수도 가 베이징이 되었답니다. 베이징으로 돌아온 영락제는 수도 한복판에 가 장 크고 가장 웅대한 궁전을 지었어요. 그것이 지금 베이징에 있는 자금 성(紫禁城)이랍니다. 맞아요, 베이징 관광 가면 천안문 뒤에 있는 그 자금 성, 영락제가 지은 궁궐이랍니다. 지금도 자금성 안에 들어가 보면 나무 가 하나도 없어요. 그냥 뻥 뚫린 상태입니다. 영락제가 그렇게 만들었답 니다. 왜? 혹시라도 자객이 들어와 나무 뒤에 숨을까 봐서요.

아무리 수도를 옮기고 화려한 궁궐을 지어도 그 '정통성'에 대한 허전 함은 여전했어요. 그래서 영락제는 결심합니다. "국내에서 찾지 못한 정 통성을 해외에서 찾자"라고요. 그래서 어마무시한 함대를 만들어 세계 곳 곳을 돌아다니며 '명나라의 위엄'을 보여주기로 합니다.

정화(鄭和)란 인물을 함대의 총사령관으로 임명하고 1405년부터 1433

정화의 남해대원정 함대 모형

년까지 일곱 차례 대원정을 보냅니다. 한
번 출항할 때마다 260척의 배에 거의 3
만 명이 출발을 했답니다. 당시 정화 함대
배 한 척의 크기가 8,000톤급이었다고
하는데 동시대 유럽의 범선은 겨우 평균
120톤급이었던 것에 비하면 상상을 초
월하는 규모였어요. 물론 중국식 '과장'이
조금 들어갔겠지만요.

정화가 아주란 왕국(현 소말리아)에서 받은
기린을 그린 그림

정화의 함대는 명나라를 출발해 인도
를 거쳐 아라비아반도를 지나 지금의 아
프리카 케냐까지 갔습니다. 가는 나라마
다 명나라에게 충성을 맹세하라는 압박
을 가했어요. 아니, 압박도 필요 없었어
요. 그 어마무시한 함대의 크기를 보고 기가 죽어 스스로 명나라에 충성
을 맹세했다고 해요. 심지어 정화의 함대가 지금의 미국까지 갔다고 중
국인들은 주장합니다. 그래서 신대륙을 발견한 것이 콜럼버스가 아니라
중국인 정화라고 주장을 한답니다. 명나라에 굴복을 안 하면? 바로 공격
이었어요. 실제로 지금 인도 밑에 있는 스리랑카는 명나라에 굴복할 수
없다는 선언을 해요. 정화는 바로 상륙해 왕궁을 박살 내고 왕을 잡아 기
어이 굴복을 받아냈답니다.

유럽이 대항해의 시대를 시작해 전 세계에 식민지를 건설하기 시작한
것이 1492년이니까 거의 100년 전에 중국은 전 세계를 누비고 다녔다는

건데 왜 중국은 유럽과 달리 세계 제패를 못했을까요? 항해의 목적이 달랐기 때문입니다. 스페인과 같은 유럽 국가들은 식민지 건설 또는 무역이 항해의 목적이었던 반면 명나라의 항해는 "우리 중국 짱이지! 무릎 꿇어!"라는 힘의 과시가 목적이었어요. 그래서 "우리 힘이 이 정도야!"란 것을 보여준 후 더 이상 항해를 하지 않았어요. 전 세계에 그냥 '힘 과시용 순회공연' 한 번 한 것이랍니다.

만리장성을
건설하다

엥? '만리장성은 진시황이 만든 거 아니에요?'라는 생각을 하실 겁니다. 맞아요, 처음 만리장성을 건설한 사람은 진시황이 맞습니다. 하지만 지금 우리가 중국 여행을 가서 보는 만리장성은 대부분 명나라 때 건설한 거랍니다. 그럼 명나라는 왜 경이로운 만리장성을 건설한 것일까? 그 배경엔 가슴 아픈 사연이 있어요.

명나라가 슬슬 자리를 잡아가던 1400년대 초반, 북쪽 초원 지대에선 몽골족이 다시 슬슬 세력을 키우고 있었답니다. 명나라의 처음 정책은 또 "돈 주고 평화를 사자"였어요. 이런 식이었답니다. 몽골족 사신이 명나라에 말 100마리를 가지고 인사하러 오면 명나라는 말 1,000마리어치 값을 내주는 식이었지요. 전형적인 조폭들이 하는 거래 방식이었어요. 양말 하나 가져와 "어이, 양말 하나 사시오. 값은 100만 원이요"라고 하는

식이었죠. 명나라는 꾹 참고 그 돈을 냈어요. 일단 조용히 지내는 것이 중요하니까요.

그러다가 사건이 하나 터집니다. 1449년, 당시 명나라의 정통제(正統帝) 황제가 "야, 임마, 무슨 양말 하나에 100만 원이야! 원래 가격인 1,000원만 받아!"란 선언을 한 겁니다. 몽골족은 "시방, 나보고 임마라고 했소잉? 참으로 거시기하네. 아그들아, 양말값 받아와라"라고 명나라로 쳐들어온 겁니다! 정통제도 가만있지 않았어요. 직접 무려 50만 명의 군사를 이끌고 북쪽으로 올라갑니다! 그런데 그 50만 명 대부분이 귀족, 학

명나라 제6대 황제 정통제

자 등 칼 한번 잡아본 일이 없는 범생이들이었던 겁니다! 그냥 황제는 "나 이 정도 병사가 많다!"란 걸 자랑하고 싶었던 겁니다! 결과는? 전투가 되겠어요? 저쪽은 진짜로 껌 좀 씹어본 조폭들이고 이쪽은 방금 독서실에서 나온 삼수생들인데요. 중국 역사상 처음으로 황제가 전투 중 포로로 잡히는 일이 발생해요! 베이징 바로 위 토목(土木)이란 곳에서 포로가 됩니다!

물론 나중에 정통제는 풀려납니다. 중국 한족은 이 사건을 '토목의 변'이라고 부르면서 아주 치욕적인 사건으로 기억합니다. 하여간 이런 사상 초유의 '황제 포로 납치 사건'이 발생한 후 명나라는 "만리장성 쌓자. 북쪽 저놈들과는 상종을 하면 안 돼"라며 장성 건설에 들어가요. 그 장성이 지금 중국 여행 가면 보실 수 있는 만리장성이랍니다.

임진왜란, 명나라 멸망을 부르다

1592년 발발한 임진왜란은 조선에도 큰 타격을 주었지만 결과적으로 명나라의 멸망을 이끌었어요. 왜 그런지 설명해드릴게요. 임진왜란

이 터졌을 당시 명나라 황제는 만력제(萬曆帝)라는 황제였답니다. 어린 황제는 10살이라는 어린 나이에 황제가 되었는데 교육열에 불타는 엄마 때문에 황제가 되자마자 엄청난 과외 수업을 받았습니다. 당시 과외 선생님은 장거정(張居正, 정거장 아닙니다)이란 중국 역사상 최고의 학자 중 한 명이었어요. 그런데 이 선생이 학생을 잡습니다. 기록을 보면 거의 아동 학대 수준으로 어린 황제를 교육시켜요. 정말

명나라의 멸망을 이끈 만력제

대걸레로 때리지만 않았지 거의 고문 수준으로 교육을 시킵니다. 만력제는 10년 동안 이런 식으로 장거정에게 꽉 잡혀 살아요. 장거정은 특히 "황제는 사치를 부려서는 안 된다! 절약! 또 절약!"을 정말 강조했어요.

그렇게 10년 세월이 흐르고 만력제가 20살이 되던 해 장거정이 죽습니다. 황제는 속으로 '앗싸!' 기뻐했을 겁니다. 그런데! 장거정이 죽은 후 조사를 해보니 그렇게 근검절약을 강조했던 장거정이 사실 엄청난 부정축재를 한 겁니다! 황제는 격분합니다. 그리고 삐뚤어지기 시작해요. 장거정이 살아 있을 때 하라고 한 것을 180도 반대로 하기 시작합니다. 청개구리가 된 것이죠. '열심히 통치하라 → 놀아라', '사치하지 마라 → 명품으로 도배해라', '술 마시지 마라 → 매일 꽐라가 돼라'란 식으로요.

그리고 정말 30여 년간 국가 통치를 안 해요. 아니, 회의에 안 나오는

수준이 아니라 황제가 파업을 한 겁니다. 정말로 단 1도 국가 통치를 안 해요. 30년을요! 중국 역사상 이 30년 동안 유일하게 사형 집행이 없었어요. 왜? 사형을 하려면 황제 승인이 필요한데 황제가 사라진 겁니다. 또 신하들이 황제 얼굴을 잊어버리기까지 합니다. 마지막으로 본 지 30년이 흘렀기 때문에요! 이 사상 유래 없는 황제 파업 30년 때문에 명나라는 '망하기 코스'로 접어듭니다. 황제는 정말 매일같이 술 마시고 놀았어요. 그리고 정력에 좋다면 그 무엇이든지 구해 먹었답니다. 연못의 잉어를 죽기 직전까지 두들겨 패면 잉어 눈물 한 방울이 뚝 떨어진다고 하는데 그 잉어 눈물이 정력에 좋다고 해서 많은 잉어들이 폭력에 노출되었다고 합니다.

이런 만력제가 일을 딱 한 번 한 기간이 있어요. 7년 동안인데 바로 조선의 임진왜란 때였습니다. 임진왜란이 터지자 조선에 명나라 원군 파병 명령을 내린 사람이 만력제였어요. 그럼 만력제는 왜 조선에 명나라군을 파병했을까? 야사를 보면 만력제 꿈에 관우가 나와서 "조선 선조가 장비 환생이고 만력제는 유비의 환생이다. 가서 장비, 즉 선조를 도와달라"라고 했다는 얘기도 있어요. 또 명나라 신하들이 회의하는 걸 만력제가 몰래 엿들었다고 합니다. 신하들은 "조선에 파병하지 말자"란 결론을 내렸는데 청개구리 만력제가 "너희 파병 안 한다고 했지? 난 그 반대로 할래. 파병해!"라고 했단 얘기도 있습니다.

하여간 만력제는 조선에 무리를 해서 파병을 했어요. 그리고 7년 동안 이어진 동아시아 대전에 휘말립니다. 물론 명나라가 망한 이유가 한둘이 아니겠지만 이렇게 무리해서 전쟁에 참전한 것이 명나라 멸망에 일조를 한 것은 맞아요. 이런 만력제가 조선 입장에선 '생명의 은인'이다 보니 조선 내내 만력제 제사를 지냈답니다. 지금도 충북 괴산에 남아 있는 '만동묘'라는 사당이 명나라 만력제를 모시는 사당이에요. 중국인들의 입장에선? 명나라를 망하게 한 나쁜 놈이라고 해서 지금도 '조선 황제'라고 놀려요. 넌 중국의 황제가 아니라 조선의 황제라는 놀림이죠.

임진왜란이 끝난 후 약 50년 후에 명나라는 망합니다. 왜 그랬을까요? 바로 조선과 명나라가 일본과 싸우는 데 정신을 판 사이 만주 벌판에서 강력한 유목 민족 국가가 탄생했기 때문입니다.

농민 반란에
멸망하는 명나라

기억하시죠? 칭기즈칸이 그렇게 미워했던 금나라요. 금나라를 세운 민족은? 맞아요, 여진족이었습니다. 여진족은 시대에 따라 민족 이름이 바뀝니다. 여진족 이전에는 말갈족이라고 불렸고 지금 명나라 때는 만주족이라 불립니다. 만주족(구 여진족)은 금나라가 칭기즈칸에게 박살이 난 후 여러 개의 고만고만한 부족들로 쪼개져 살고 있었어요. 명나라도 알고 있었답니다. 만주족이 다시 하나로 뭉치면 예전의 그 무시무시했던 '금나라 어게인'이 될 수 있다는 걸요. 그래서 명나라 내내 끊임없이 만주족을 분열시키려 노력했어요.

그런데! 임진왜란이 터진 겁니다. 명나라와 조선은 전쟁 통에 휘말려

들어가서 온 정신을 다 일본과의 전쟁에 올인할 수밖에 없었어요. 사실 솔직히 명나라가 조선이 예뻐서 파병해준 건 아니에요. 어차피 일본의 목표는 명나라였잖아요. 그래서 일본과 전쟁이 불가피하다면 명나라 땅에서 전쟁을 하는 것보다 조선 땅에서 하는 것이 훨씬 이득이라고 판단을 한 겁니다.

하여간 명나라의 '단속'이 느슨해졌잖아요. 그 틈을 타 한 인물이 나타나 흩어졌던 만주족을 하나로 통일합니다. 바로 누르하치란 인물이에요. 아버지와 할아버지가 명나라에 의해 죽임을 당했거든요. 그래서 명나라라고 하면 치를 갈던 인물이었답니다. 결국 임진왜란이 끝난 지 20년도 채 되지 않았던 1616년, 누르하치는 전 만주족을 하나로 통일하고 새로운 나라 건국을 선언해요. 나라 이름은 후금(後金). 맞습니다. 예전 자기 선조들이 세웠던 금나라를 이어받겠다는 걸 대놓고 선언한 것이죠.

후금의 초대황제 누르하치

누르하치는 후금을 건국한 후 다음 해 명나라 땅이던 요동반도의 무순(撫順)이란 동네를 공격해 점령해요. 이제 명나라와 후금은 운명을 건 한판 승부를 시작합니다. 그리고 지금 중국 만주 벌판에 있는 살이호(薩爾滸, 중국식 발음 '사르후')란 곳에서 양국의 운명을 가르는 전투가 벌어져요. 우리가 국사 시간에 '사르후 전투'라고 배웠던 그 전투입니다. 웬 국사? 바로

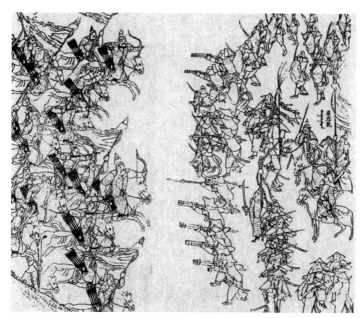

명나라와 조선 연합군이 후금군과 벌인 대규모 전투, 사르후 전투

당시 조선의 왕이었던 광해군이 명나라를 지원해준다는 명목으로 강홍립 장군이 이끄는 조선군 약 1만 5,000명이 파병되어 이 전투에 참전을 했기 때문입니다.

후금군 약 6만 명, 명나라군 약 10만 명이 격돌을 합니다. 1619년의 일입니다. 이 전투에서 명나라군은 완전 박살이 납니다. 대패를 해요. 그리고 이 전투의 패배로 명나라는 급격히 몰락하기 시작합니다. 박살 난 것이 명나라 주력 부대였기 때문이죠. 명나라 주력 부대를 대패시킨 후금은 정말 거침이 없었어요. 지금의 만주는 물론 요동반도 전체를 장악합니다. 이제 후금의 목표는 만리장성을 넘어 중원으로 들어가는 것이었습니다. 누르하치는 계속해서 만리장성을 넘으려 했지만 만리장성의 동쪽 끝 관문인 산해관(山海關)을 끝끝내 넘지 못하고 1626년에 67살로 사망합니다. 이 산해관을 넘어야 중원으로 들어가는데 말이죠.

누르하치가 "아, 만리장성을 못 넘어보는군. 원통하다"라며 죽은 후 누르하치의 아들인 홍타이지가 후금의 새로운 지도자가 됩니다. 그리고 '중원 정벌'의 뜻을 분명히 해요. 어떻게? 일단 옆 동네의 다른 유목 민족인 몽골족을 하나하나 각개격파로 물리친 후 "와서 무릎 꿇어"를 시킵니다. 그리고 바로 나라 이름을 중국식 '한 글자'로 바꿉니다. 바로 청(淸)나라로 바꾼 겁니다. 그리고 스스로를 '칸'이 아닌 '황제'라고 칭해요. 1636년의 일이었습니다.

홍타이지! 맞아요. 나라 이름을 '청'으로 바꾼 바로 그해 1636년에 병자호란을 일으킨 그 인물 맞습니다. 남한산성으로 도망간 인조를 산성 안에서 끄집어내어 지금의 잠실 벌판에서 "머리 땅에 박아!"를 시킨 그 홍타이지 맞습니다. 그럼 조선을 왜 쳤을까? 당시 홍타이지가 병자호란을 일으킨 이유는 바로 "명나라를 치기 전에 자기들 뒤에 있는 조선을 먼저 굴복시키기 위해서"였답니다. "우리가 명나라를 치러 남쪽으로 내려가는데 조선! 너희 우리 뒤통수치지 말고 가만히 찌그러져 있어!"였지요.

청나라 제2대 황제 홍타이지

이렇게 무섭게 남쪽으로 돌진해오는 만주족을 보고도 명나라는 할 수 있는 게 거의 없었어요. 그냥 "만주족이 만리장성을 넘는 것은 어찌해서든 막아보자"밖에 없었어요. 왜? 만주족과 여러 해 전투를 하면서 돈을 너무 많이 써버렸거든요. 전투는 뭐 땅 파서 합니까? 돈이 있어야죠. 나라가 돈이 없으면? 그렇죠? 백성들에게 세금을 더 쥐어짜면 되지요. 나라에 세금 낼 돈이 없으면? 도망가서 도적이 되는 것은 동서고금을 막론하고 다 똑같아요. 상황이 이렇다 보니 명나라 여기저기에서 농민 반란이 동시다발적으로 발생합니다.

그 농민 반란군들 중 가장 파워가 강했던 인물이 바로 이자성(李自成)이란 인물이었어요. 하지만 아무리 강하다고 해도 이쪽은 농민군 오합지졸, 저쪽은 정규군. 이자성도 점점 명나라 관군에게 점점 밀렸답니다. 그러다가 뜻밖의 변수가 등장한 것이죠. 바로 청나라가 본격적으로 명나라에 대대적인 공격을 하기 시작한 겁니다. 다급해진 명나라는 "야! 농민군과 싸움 일단 중지! 급한 불부터 먼저 끄자! 청나라를 빨리 상대해!"라면서 이자성과의 전투를 잠시 스톱하고 청나라와의 전투를 시작했던 것이죠.

이제 이자성의 농민군은 거칠 것이 없었습니다. 완전 '노마크 찬스'였던 것이죠. 명나라의 여러 도시들을 하나하나 각개격파로 점령하고 드디어 명나라의 수도 베이징으로 점점 다가갑니다. 1644년 3월 17일, 이자성의 농민군은 베이징 외곽까지 들어왔어요. 명나라 마지막 황제는 숭정제(崇禎帝)란 사람이었는데 할 수 있는 일이 하나도 없었답니다. 이미 자금성 안엔 아무도 없었어요. 다 도망갔거든요. 자금성 안엔 숭정제의 공허한 외침밖에 없었어요. "거기 아무도 없느냐!"란 외침이요.

숭정제의 자결 장소를 기념한 경산공원

그다음 날 3월 18일, 이자성의 농민군은 자금성 안으로 밀려 들어옵니다. 숭정제는 자기 아들들, 즉 황자들에게 평민복을 입힌 다음 "너희 지금부터 황자가 아니라 일반 평민으로 살아야 한다. 꼭 살아야 한다"라고 신신당부를 한 다음 몰래 궁 밖으로 내보냅니다. 그리고 자기 부인과 딸들에겐 "반란군에게 어차피 너희는 욕을 당하게 되어 있다. 그럴 바엔 지금 깨끗하게 죽어라"라면서 부인은 자결시키고 딸들은 직접 칼로 베어버립니다. 그리고 자기도 자금성 바로 뒤에 있는 경산(景山)이란 야산에 올라가 머리를 풀어 헤치고 나무에 목을 매 자결을 해요. 머리를 왜 풀어 헤쳤냐고요? 죄스러워 전임 황제들의 얼굴을 볼 자신이 없다는 것이었어요.

나중에 베이징 여행 가시면 자금성 뒤에 '경산'에 가보세요. '경산공원'이란 공원이 있답니다. 그 안에 숭정제가 목을 매 자결을 한 나무가 아직 보존되어 있어요. 경산에 올라가면 그 아래 자금성이 한눈에 들어와요. 특히 해지는 석양의 자금성이 너무 아름답습니다. 경산공원 정상에 올라가 이자성 반란군에 의해 불타는 자금성을 죽기 전 바라봤던 명나라 황제 숭정제의 기분은 어땠을지, 한번 생각해보는 건 어떨까요?

하여간 명나라 마지막 황제 숭정제가 자결을 하면서 명나라는 멸망합니다. 그러니까 명나라를 만주족의 청나라에 의해 멸망한 것이 아니라 명나라 내 농민 반란에 의해 '셀프 멸망'을 한 것입니다. 서기 1644년 3월 19일이었습니다.

명나라의 마지막 저항, 만리장성의 오삼계

명나라 마지막 황제 숭정제는 자결했고 명나라는 실질적으로 망했지만 청나라군은 아직까지 만리장성의 관문인 산해관을 넘지 못했어요. 엥? 홍타이지도 못 넘었나요? 예, 아빠 누르하치도 실패, 아들 홍타이지도 결국 만리장성 산해관을 넘어보지 못하고 갑자기 병에 걸려 죽어버려요. 명나라 숭정제가 목을 매기 1년 전인 1643년에 죽습니다. 그럼 홍타이지의 아들이 시도할 차례겠지요?

홍타이지 뒤를 이어 그의 아들이 청나라 황제가 되는데 그 아이가 바로 청나라 순치제(順治帝)란 황제였습니다. 즉위했을 때 나이가 겨우 5살이었어요. 그래서 어린 황제의 삼촌, 그러니까 홍타이지의 동생인 '도르곤'

이란 사람이 대신 나라를 통치해주던 상황이었답니다. 이 '도르곤'이란 사람은 우리 국사에도 등장해요. 병자호란 때 강화도로 도망간 인조의 아들 봉림대군을 강화도까지 바다 건너 쳐들어가 육지로 데리고 나온 인물이 바로 '도르곤'이랍니다.

청나라를 실질적으로 통치하던 도르곤. 산해관 앞에 섰어요. 그리고 소리칩니다. "야! 너희 황제 죽었어. 명나라 망했거든! 빨리 문 열어! 자금성도 이자성이란 반란군에 점령당했어! 빨리 열어!"라고요. 당시 산해관을 지키던 명나라 장수가 오삼계(吳三桂, 오징어 삼계탕 아닙니다)란 인물이었답니다. 문을 열어줬을까요? 처음엔 당연히 안 열어줬어요. 그런데 어떤 사건이 터지면서 오삼계는 산해관의 문을 순순히 열어줬답니다.

오삼계에겐 진원원(陳圓圓)이란 애첩이 있었어요. 정말 사랑했다고 하지요. 그런데 이자성의 반란군이 베이징을 함락시키는 과정에서 진원원

청나라 제3대 황제 순치제

이 이자성군의 한 장수에 의해 겁탈당하는 일이 발생한 겁니다! 그리고 그 소식이 산해관의 오삼계까지 전달된 겁니다. 오삼계는 당연히 격분을 해요. "이자성! 네 이놈! 내가 찢어 죽여버릴 것이다!"라고요.

그리고 이 상황은 산해관 밖의 청나라 도르곤 측에게도 전달돼요. 도르곤은 재빨리 뭔가 하나를 오삼계에게 제안합니다. "어이, 삼계. 소식 들었어. 마음 아프

지? 이거 어때? 산해관 문 열어주면 우리 청나라군이 베이징에 가서 이자성을 박살 내고 원한 풀어줄게. 어때?"란 제안을요. 오삼계는 어찌했을까요? 놀랍게도 "그럼 꼭 진원원의 한을 풀어줘야 한다! 약속지켜!"라며 산해관의 문을 순순히 열어줘요! 그리고 청나라군은 산해관을 통과해 중원 땅에 무혈입성을 합니다! 참, 아이러니하죠. 누르하치, 홍타이지가 그렇게 인생을 걸고

청나라의 섭정왕 도르곤

통과하려 했어도 실패한 청나라군의 만리장성 통과가, 여자친구 복수에 눈이 먼 명나라 장수가 스스로 문을 열어줘 이뤄졌다니 말이죠.

산해관을 무사히(?) 통과한 청나라군은 바로 베이징으로 진격해 이자성 일당을 토벌합니다. 그리고 스스로 목숨을 끊은 명나라 마지막 황제 숭정제의 장례식을 정중하게 치러줘요. 왜? 명나라 백성들에게 보여준 것이죠. "우리는 너희를 점령하러 온 것이 아니라 나라를 엉망으로 만든 나쁜 놈 이자성을 토벌하러 온 것이다"란 것을요. 그리고 기억하시죠? 숭정제가 딸들을 다 칼로 직접 죽였다고요? 다행히 그중 한 명은 큰 부상만 당하고 죽지 않았답니다. 청나라 도르곤은 그 공주를 치료해주고 심지어 회복 후엔 소개팅에다 시집까지 보내줬어요. "네가 무슨 죄가 있어 죽느냐. 결혼해서 행복하게 잘살아라"면서요.

그리고 이 모든 걸 현장에서 목격한 조선인이 한 명 있었어요. 바로 인

조의 아들 소현세자였습니다. 병자호란 때 청나라에 인질로 끌려온 바로 그 소현세자요. 영화 〈올빼미〉(2022)에 나오는 그 인물 말입니다. 도르곤은 일부러 소현세자를 베이징을 접수하는 그 현장에 데리고 온 겁니다. "봐라! 너희 조선이 그렇게 떠받들던 명나라가 어떻게 망하는지 최후의 현장을 똑똑히 봐라!"란 것입니다.

아! 송나라는 남쪽으로 튀어 '남송'을 만들고 끝까지 저항했는데 명나라는 '남명'이 없었냐고요? 있었지요. 숭정제의 사촌들이 남쪽으로 도주해서 남명이란 나라를 만들어요. 웬 사촌이냐고요? 아까 말씀드렸잖아요. 숭정제가 아들들을 다 평민 옷을 입힌 다음 몰래 어디론가 보내버렸다고요. 그 이후 이 아들들의 소식은 끊깁니다. 즉 '황자들'이 사라진 겁니다! 그래서 사촌들이 등장한 것이죠. 문제는 '그 사촌 중 누가 남명의 황제가 될 것인가'였는데, 여기서 권력 다툼이 일어나요. 나라가 망한 그 와중에 말이죠. 결국 사촌들끼리 치고받고 싸우다가 남쪽까지 추격해온 청나라군에 놀란 남명의 마지막 황제 주유랑(朱由榔)은 지금의 미얀마까지 도망을 갑니다.

여기서 또 아이러니. 남쪽까지 쳐들어온 청나라군 대표는 누구였을까요? 바로 오삼계였습니다. 엥? 명나라 장수 오삼계? 예, 맞습니다. 여자친구 때문에 명나라를 '셀프 멸망'시켜준 오삼계. 청나라 입장에선 너무 '땡큐'인 인물 아니겠습니까? 그래서 청나라는 오삼계에게 "고마워. 중국 남부 지역에 내려가서 거기 너 그 동네 왕(王) 해"라며 지금의 중국 운남성 지역 통치자로 만들어줍니다. 완전 인생 역전이죠. 일개 명나라 장수에서 신분 세탁하고 이제 청나라 지역 유지가 되었으니까요. 그런데! '신임

청나라 지역 유지' 오삼계가 남쪽으로 와보니 거기에 숭정제 사촌들이
"내가 남명 황제 할래!"라며 자기들끼리 싸우고 있는 것이죠.

오삼계는 자기를 지역 왕으로 만들어준 청나라에 충성심을 보이기 위
해 애네들을 잡으러 갑니다. 놀란 남명 황제는 미얀마로 튀었지요. 그리
고 오삼계는 미얀마까지 쫓아갑니다. 골치 아프게 된 건 미얀마죠. 미얀
마는 "너희 집안일은 너희끼리 해결해" 하며 도망 온 남명의 마지막 황제
'주유랑'을 오삼계에게 넘겨버립니다. 오삼계는 또다시 청나라에게 잘
보이기 위해 주유랑과 그의 가족들을 다 목 졸라 죽여버립니다. 이렇게
명나라는 완전 역사 속으로 사라집니다. 1662년의 일입니다.

만주족,
한족을 끌어안다

1644년 베이징에 입성, 자금성을 손에 넣은 만주족 청나라. 오삼
계의 도움(?)으로 남쪽 반란 세력까지 싹 정리한 후, 중국 대륙을 손에 넣
습니다. 기억하시죠? 전 세계를 정복한 몽골족도 중국 대륙을 겨우 90여
년밖에 지배하지 못한 걸요? 가장 큰 이유는 몽골족의 '철저한 한족 차
별'이었어요. 만주족은 그것을 거울삼아 "똑같은 실수를 반복하지 말자"
를 실천합니다. 즉, 한족을 최대한 끌어 안아주고 인정해주는 쪽으로 정
책을 폅니다. 현명한 거죠. 하지만 만주족의 지배에 반대하면 철저히 응
징했어요. 당근과 채찍을 동시에 쓴 거죠.

영국의 매카트니 사신단을 따라온 화가 윌리엄 알렉산더가 변발을 한 청나라 사람들을 그린 그림

　먼저 채찍입니다. 중국 남쪽 지역의 '왕(王)'으로 임명받아 내려간 오삼계. 거의 진짜 왕이 되어갑니다. 독립국 행세까지 하다가 결국 "난 이 동네 황제다!"라고 황제 칭호까지 사용합니다. 이제 토사구팽의 시간이 찾아왔어요. 청나라 입장에선 오삼계가 이제 아무 짝에도 쓸모 없잖아요. 그래서 오삼계를 날릴 기회를 엿보고 있었는데 그런 청나라 조정의 움직임을 오삼계가 먼저 눈치를 채고 반란을 일으킵니다. 1673년 일이었어요. 청나라 조정은 바로 군대를 출동시킵니다. 오삼계 일가의 반격도 만만치 않았습니다. 하지만 '한때 명나라 명장' 오삼계가 죽자 그 일가는 순식간에 무너집니다. 오삼계의 손자가 청나라군과 힘겹게 싸워보지만 결국 박살이 나고 오삼계 일가는 멸족됩니다. 배신자의 쓸쓸한 말로지요.

　또 다른 채찍입니다. '변발' 아시죠? 만주족의 특이한 헤어스타일 말입니다. 만주족은 한족에게 바로 변발 스타일로 머리를 깎는 것을 의무화했어요. 한족의 반발은 의외로 강했습니다. 왜? 유교사회잖아요. 부모가 주신 신체에 손 대는 것을 불효로 여기는 유교 말입니다. 한족의 강하게 반발하니 청나라 정부는 선언해요. "머리를 깎을래, 머리를 날릴래?"라고요. 실제 했던 발언입니다. 즉, 머리를 안 깎으면 머리를 잘라 죽이겠다는 협박이었죠.

이제 당근이요. 몽골의 원나라는 한족이 고위 공무원이 되는 걸 철저히 막았잖아요. 과거시험까지 없애가면서요. 청나라는 선언합니다. "명나라 때 고위 공무원 하신 한족들은 그대로 그 자리에서 계속 일하세요"라고요. 그리고 고위 공직자도 '한족 50% 만주족 50%' 공정하게 나눕니다. 그리고 한족들이 한자를 그대로 쓰도록 허용합니다. 공문서도 한자를 그대로 쓰게 해요. 물론 만주어도 공용어로 도입합니다. 지금 중국 베이징의 자금성에 가보면 건물 현판 등에는 한자와 만주어가 사이좋게 같이 쓰여 있답니다.

다시 채찍입니다. 다른 건 몰라도 만주족의 지배에 시비를 걸면 바로 처벌 들어갑니다. 특히 '한자'로 만주족을 비난하거나 놀리면 바로 사형이었어요. 예를 들어 청나라 옹정제(雍正帝) 때 과거시험에서 한 시험관이 낸 문제에 '유(維)'와 '지(止)'가 들어간 것이 걸렸어요. 유(維)는 '옹정제'의 옹(雍)에 모자를 씌운 것이니 '머리를 날려버린다'로 해석했고 또 지(止)는 바를 정(正)을 뜻하는 것이니 종합해보면 '옹정제의 머리를 날리는 것은 정당하다'의 뜻이라고 해서 한바탕 피바람이 불었어요. 만주족을 한자로 놀리면 죽음이라는 걸 보여준 것이죠. 이걸 중국 역사에선 '문

만주족과 한족의 화합을 상징하는 요리 '만한전석'

자옥(文字獄)'이라고 부른답니다. 말 그대로 '문자의 감옥'이란 말이죠.

다시 당근이요. 만한전석(滿漢全席)이란 요리의 등장입니다. 말 그대로 '만주족과 한족이 다 같이 모인 자리'란 뜻인데요. 만주족 음식과 한족의 음식을 합친 요리들을 말해요. 즉, "우리가 남이가! 요리로 하나 되자!"란 취지였답니다. 지금도 베이징 시내에 가면 이 만한전석 요리를 파는 유명 식당이 많아요. 여행 가시면 꼭 이 만한전석 요리도 한번 드셔보세요.

청나라의
태평성대

청나라 황제는 딱 3명만 기억하면 돼요. 강희제, 옹정제, 건륭제,

이렇게요. 청나라의 태평성대를 이룬 3명의 황제랍니다. 아까 도르곤이 만리장성을 넘을 때 어린 황제가 누구라고 했죠? 순치제라는 어린 친구였죠? 홍타이지의 아들요. '사실상 황제'였던 삼촌 도르곤의 그늘에 가려 별일을 못하다가 24살의 젊은 나이에 병에 걸려 죽어버립니다. 그리고 그 아들이 황제가 되는데 바로 '3대 황제' 중 제일 처음 황제인 강희제(康熙帝)입니다. 청나라를 무려 61년 동안 통치했답니다! 청나라 전체 역사의 무려 4분의 1을 차지한 황제였어요. 약간 과장해서 '강희제 = 청나라 역사'일 정도랍니다.

이 강희제를 기억해야 하는 이유는 바로 오늘날의 대만을 중국 영토로 만들었기 때문입니다. 사실 명나라가 망할 때 대만은 네덜란드 식민지였어요. 예, 맞아요. 중국 땅이 아니었답니다. 여기서 주목해야 할 인물이 하나 있습니다. 바로 '정성공(鄭成功)'이란 사람. 명나라 관리였어요. 만주족이 명나라를 멸망시키자 "청나라에 반대한다! 명나라를 다시 살리자!"라고 외치며 군대를 조직해 청나라군과 맞서 싸웠답니다. 그러다가 청나라군에 밀려 결국 대륙을 포기하고 2만 명의 한족 병사들과 함께 1661년 지금의 대만으로 들어가요. 멀리 섬에 들어가 반격의 기회를 엿본 거죠.

중국 한족이 처음으로 '동남아시아의 유럽 식민지'였던 대만에 공식 상륙한 순간이었어요. 지금도 대만에 가면 곳곳에 정성공의 사당이 있답니다. 대만의 한족들은 정성공을 '대만의 아버지'로 여겨요. 하여간 강희제는 '저 눈엣가시 정성공 일당'을 박살 내라는 명령을 내립니다. 그리고 집요한 공격 끝에 1683년 대만의 정성공 일당을 다 소탕하고 대만을 청나라 땅으로 만들어버립니다. 예, 맞아요. 대만이 중국 땅이 된 것이 바로

역대 황제 중 재위 기간이 가장 긴 강희제

반청 및 명나라 부흥운동을 전개한 정성공

강희제 때부터입니다.

강희제는 정말 겸손한 자세로 공부하는 황제였습니다. 스스로 한자와 중국어를 공부해 한족 관리들과 소통했고 하루 4시간만 자고 항상 책을 손에 들고 다녔다고 하지요. 공부를 너무 열심히 해서 책을 보다가 피를 토한 적도 있다고 합니다. 청나라에 들어와 선교를 하던 예수회 신부들과 소통하기 위해 직접 라틴어까지 배웠다고 해요.

강희제의 '한족과의 소통'은 계속됐습니다. 명나라를 세운 주원장의 무덤에 가서 여러 번 절까지 했어요! 만주족 황제가 한족 황제에게요! 이 모습을 본 많은 한족들은 "저 사람은 만주족이지만 존경한다"면서 감탄을 했어요. 강희제는 또한 "명나라의 모든 황제에게 제사를 올려라. 딱 한 인간만 빼고! 바로 만력제!"라고 선언합니다. "너희 명나라를 망하게 한 나쁜 놈이 바로 만력제다"란 이유에서였습니다. 멋진 황제죠. 오죽했으면 당시 예수회 선교사들이 이런 말까지 했답니다. "가톨릭을 안 믿는 것 빼고는 정말 훌륭한 사람이다"라고요.

위낙 강희제의 아우라가 대단하다 보니 그 아들 손자인 옹정제, 건륭제의 존재감은 확 떨어집니다. 강희제가 61년 동안 청나라를 통치하고 대만도 중국 땅으로 만든 뒤 죽자 그의 아들인 옹정제가 청나라의 황제가 돼요. 아버지에 비해 짧은 13년 동안 청나라를 통치했는데 옹정제는 두마디로 표현이 됩니다. 첫째 냉혹한 황제, 둘째 놀랄 정도로 성실한 워커홀릭. 일단 옹정제의 아빠 강희제는 아들만 35명이었어요. 당연히 황자들은 치열하게 서로 알게 모르게 권력 다툼을 했어요. 옹정제가 다음 대권주자로 결정되자 그를 끌어내리려는 여러 시도가 있었답니다. 참 형제들끼리 더러운 꼴 많이 봤어요. 결국 옹정제가 온갖 방해를 극복하고 황제가 되는데요. 황제가 된 후 자기에게 도전했던 형제들을 다 죽이거나 유배 보냅니다. 성격이 굉장히 냉정했다고 해요. 오죽했으면 별명이 '냉면왕(冷面王, 차가운 얼굴의 왕)'일 정도로 한 번도 웃지 않았다고 합니다.

자, 옹정제가 잘한 일도 있어요. 기억하시죠? 명나라 주원장의 아들 주체가 조카를 죽이고 쿠데타를 일으키고 자기가 황제가 된 일. 그때 주체를 황제로 끝까지 인정하지 않고 저항한 사람들이 있거든요. 주체는 그들을 '인간 이하의 천민'으로 만들어버립니다. 그들은 명나라 내내 천민으로 살면서 고생했어요. 옹정제는 그들이 만주족도 아닌 한족임에도 다시 일반 평민으로 만들어줍니다. 사면·복권해준 것이죠. 이 일을 계기로 중국 한족들도 옹정제를 존경하기 시작했어요.

옹정제가 또 일 하나는 정말 꼼꼼히 한 것으로 유명해요. 신하들에게 일일이 쪽지로 지적질을 하거나 칭찬했답니다. 예를 들어 신하들이 상소

청나라 제5대 황제 옹정제

문이나 공문서를 옹정제에 올리면 붓을 들고 하나하나 '지적질'을 했답니다. "여긴 이런 식으로 글을 쓰면 안 된다", "별로 쓴 내용도 없는데 왜 이렇게 큰 종이에 글을 썼냐? 종이 아껴라", "거 정말 감동적인 말이다, 내가 다른 데서 좀 써도 되겠냐?" 등 말이지요. 옹정제가 쓴 이 쪽지들, 다 모아 모두 112권의 책으로 만들어져 지금 중국에서 보물로 보관 중입니다.

옹정제가 잘한 일 하나 더. 무려 35명의 형제들과 치열한 권력 다툼 끝에 황제가 됐잖아요. 그래서 "다음 권력을 미리 알려주지 말자"는 정책을 실시합니다. 어떻게? 바로 다음 후계자 이름을 쪽지에 적어 자금성 건물 대들보 위에 숨겨놓고 자기가 죽으면 그때 쪽지를 꺼내 보게 만듭니다. 즉, 자기가 살아 있을 때 절대 후계자 발표를 안 하겠다는 말이죠. 그러면? 아들들은 누구 이름이 쪽지에 적혀 있을지 모르니까 일단 다 같이 성실히 공부하고 아버지께 잘 보이려고 효자로 지냈답니다. 그리고 관리들도 누가 '차기 대권 주자'인지 전혀 모르니까 어느 라인을 탈지 결정 못하고 그냥 열심히 일만 했답니다.

다음은 옹정제의 아들 건륭제(乾隆帝)입니다. 건륭제는 황제 자리에 무려 60년을 앉아 있었답니다. 즉, '청나라 역사 = 강희제, 건륭제 + 약간의 옹정제'라고 할 수 있어요. 건륭제 때 일어난 일 중 기억해야 할 일은 바로 '유럽과의 적극적인 무역'이었답니다. 특히 중국 남부 특산물인 '홍차'

를 영국에 본격적으로 팔기 시작한 때가
이때였어요. 영국에선 이 중국산 홍차 인
기가 대폭발했고 홍차 판매 대금으로 영
국의 은이 대량 청나라로 넘어와 청나라
국고는 은으로 점점 차기 시작했어요. 나
라 경제가 피다 보니 당연히 인구도 폭발
했겠지요. 건륭제 시대였던 1790년, 중
국의 인구는 처음으로 3억 명을 돌파했
답니다.

청나라 제6대 황제 건륭제

　문제는 서양과의 무역이 쌍방향 무역
이 아니라 일방적 무역이었다는 것입니다. 당시 건륭제는 "우리 중국은
대국이기 때문에 서양의 쓰레기를 수입할 필요 없다. 그냥 우리 중국 홍
차만 사가라. 필요 없으면 말고"란 입장이었어요. 그런데 이 '영국으로의
홍차 수출'은 어디서 많이 듣던 어떤 스토리의 시작이지요? 맞습니다. 곧
들이닥칠 '아편전쟁'의 씨앗이었습니다.

무너지는
청나라

　　영국 정부는 "어, 뭐야? 왜 우리 영국이 세계 식민지 건설로 벌어
들인 은화가 점점 사라지는 거야?"라고 당황했고 결국 그 은화가 다 홍차

영국의 특사 조지 매카트니

값을 지불하기 위해 청나라로 흘러 들어간다는 것을 알게 되었습니다. 그래서 결국 1792년, 영국 정부는 특사 '조지 매카트니'를 청나라로 보냅니다. 무역 불균형 해소하고 오라는 특명을 가지고요. 일단 베이징에서 건륭제 황제를 만납니다. 그런데 '인사법' 문제로 신경전을 벌어요. 중국은 영국 특사에게 만주족 인사법인 머리를 땅에 박는 인사를 요구한 반면 영국은 절대 그럴 수 없다고 버팁니다. 청나라 측은 황제 뒤에 영국 왕의 초상화를 걸고 머리를 박으라는 타협안을 제시합니다. 그러자 영국 측은 그럼 중국도 영국 왕에게 똑같이 인사하라고 맞받아칩니다. 결국 타협안으로 그냥 영국식으로 한쪽 무릎만 꿇는 인사를 합니다.

그즈음 청나라는 내부적으로 곪아가기 시작했어요. 건륭제가 처음에는 나라를 참 잘 통치했는데 사람 하나 잘못 만나 스스로 무덤을 팝니다. 바로 '화신(和珅)'이란 인물이에요. 만주족 출신인데 어릴적 아빠가 일찍 죽고 고생을 한 자수성가형 인물이었습니다. 머리는 정말 좋은 사람이었답니다. 만주어, 중국어, 몽골어, 티베트어까지 능통해서 모든 중국 유교 서적을 달달 외울 정도의 천재였어요. 건륭제 황제의 경호원으로 관리직 생활을 시작했는데 경호원이다 보니 황제 주변에 늘 있었겠지요. 한번은 건륭제가 맹자 책을 읽고 있는데 날이 저물어 책이 잘 안 보이자 옆의 화신에게 불을 켜도록 했어요. 그러자 화신은 "몇 쪽을 읽고 계십니까?"라고 물은 다음 보지도 않고 맹자의 책을 달달달 암송했다고 합니다. 이에 건륭제가 감동받은 건 당연하지요.

황제의 눈에 든 화신은 31살의 젊은 나이에 바로 나라 국고 담당자로 승진합니다. 지금으로 치면 한국은행장이 된 겁니다. 그러면서 돈에 눈을 뜹니다. 건륭제 황제가 늘그막에 골골대면서 나라 통치를 게을리하는 사이 그는 나랏돈을 다 긁어모읍니다. 조폭까지 키웠어요. 어느 상인이 돈 상납을 거부하면 조폭을 동원해 그 상인의 사업을 박살 내버립니다. 지금 화신은 '중국 역사상 10대 부자' 중 한 명에 오를 정도랍니다. 그는 강희제, 옹정제, 건륭제가 어렵게 모은 나라 재산을 그가 은행장으로 있던 겨우 십몇 년 만에 다 말아먹습니다. 나중에 나이가 들어 총명함이 사라진 건륭제는 총 47개나 되는 감투를 화신에게 몰아줘요. 청나라의 모든 권력이 화신 한 사람에게 몰빵된 겁니다.

건륭제가 화신을 얼마나 예뻐했냐 하면 화신의 아들을 자기의 '수많은' 딸들 중 하나와 결혼시킵니다. 즉, 화신은 청나라 황제의 사돈이 된 것입니다! 당시 청나라 백성들 눈에 바퀴벌레 한 쌍처럼 항상 붙어 다니던 두 사람을 보고 "서로 사귀는 동성애자"란 소문까지 돌았어요. 중국 청나라 배경의 역사 드라마를 보시면 웬 비열하게 생긴 놈이 조폭처럼 상인들을 두들겨 패고 돈을 뺏는 놈으로 나오는데 바로 이 화신이랍니다. 그 정도로 중국에선 지금도 화신을 '간신의 대명사, 청나

간신의 대명사, 청나라의 화신

라 망하게 한 놈'이라 욕을 해요.

건륭제 말기에 화신과 같은 간신이 나라 재정을 망치기 시작하면서 만주족 청나라 정권은 서서히 무너지기 시작했어요. 또 저 멀리서 청나라를 무너뜨릴 외부 세력이 점점 중국 대륙 쪽으로 다가오고 있었습니다. 바로 중국과의 홍차 무역 때문에 큰 적자를 보며 격분해 있던 영국이었습니다. 당시 영국은 이미 전 세계를 식민지로 만들며 '해가 지지 않는 대영제국'을 건설한 어마무시한 나라였어요. 그리고 그 영국은 4,000년 동안 세상의 중심이라며 동아시아를 호령했던 중국을 일순간에 종이호랑이로 만들어버린 아편전쟁을 시작합니다. 1840년의 일이었습니다.

건륭제와 신경전을 벌이고 결국 빈손으로 돌아간 영국 특사 조지 매카트니는 청나라를 떠나며 이런 말을 남겼습니다. "청나라는 이미 썩은 배다. 다행히 지금까지 부지런한 선장들을 만나(강희제, 옹정제, 건륭제) 겨우 배가 바다에 떠 있는 것이다. 어리바리한 선장이 나오는 순간 청나라라는 배는 바로 침몰할 것이다"라는 끔찍한 예언을요. 그 예언은 곧 현실이 됩니다.

영국과 청나라의 아편전쟁, 그리고 청나라의 몰락과 중화민국의 탄생은 《썬킴의 거침없는 세계사》에서 자세히 이어집니다. 지금까지 4,000년의 중국 역사를 저 썬킴과 함께해주셔서 감사합니다. 오랜 시간 수고 많으셨습니다.

패왕별희
覇王別姫, Farewell My Concubine

개봉	1993
장르	드라마, 멜로/로맨스
감독	천카이거

격동하는 중국 근현대사를 담아내다!

1993년 중국의 천카이거 감독이 연출한 영화다. 홍콩 작가인 이벽화(李碧華)의 소설을 원작으로 하고 있다. 그리고 원작자도 영화의 각본 작업에 직접 참여하였다. 《초한지》의 마지막 장면, 항우가 마지막으로 사면초가에 빠지면서 사랑했던 여인인 우희를 먼저 떠나보내고 항우 본인도 스스로 생을 마감하는 비극적 스토리를 바탕으로 하는 경극 작품을 소재로 만든 영화다. 항우를 세상은 패왕(패권을 쥔 왕)이라 불렀고 그 패왕이 '우희와 이별(별희)'을 한다는 뜻의 '패왕별희'. 1993년 제46회 칸 영화제에서 영화 〈피아노〉와 황금종려상을 공동 수상한 작품이다. 문화대혁명 등의 중국 근현대사와 고전 《초한지》를 이해하기 위해서 꼭 봐야 하는 걸작이다.

에필로그

무협지에서 시작된 거침없는 중국사

제가 처음으로 역사에 관심을 가지게 된 계기가 바로 중국사였습니다. 아니, 중국사라기보다 중국 무협지였죠. 장풍을 쏘고 하늘을 날아다니는 중국의 협객들을 보면서 '아, 정말 중국에 가면 저런 협객들이 있고 객잔에서 술을 마시면서 서로 무술 대결을 할까'란 궁금증을 가졌습니다. 그런데 그걸 확인할 방법은 없었지요. 왜? 제가무협지에 푹 빠졌을 때는 한국이 중국과 수교를 하기 전이었답니다. 당시 중국은 '중공'이라고 해서 북한과 한패일 뿐인 공산국가, 즉, 우리에겐 절대 접근해서는 안 될 상대였습니다.

1992년 중국과 수교 이후, 정말 중국을 많이 들락날락거렸습니다. 무협지에 나오는 장소, 산, 사찰도 직접 다 방문도 해보고《삼국지》,《초한지》에 나오는 역사적 장소도 다 가봤지요.《삼국지》적벽대전이 펼쳐진 적벽도 직접 가보고 중국을 통일한 진시황의 능도직접 가서 봤습니다. 그런데 중국을 직접 발로 뛰며 돌아보면 볼수록 중국은 정말 미스터리한 나라였습니다. 그만큼 민족도 다양하고역사도 복잡했지요. 그리고 그런 좌절감을 느낄 때마다 더욱 중국 역사책을 파고들었습니다.

중국사를 파고들어 어느 정도 '아, 이제 중국사의 큰 흐름이 보인다'란 것을 느꼈을 때의 그 기쁨이란! 저는 그 기쁨을 여러분과 나누고 싶어 이 책을 썼습니다. 최대한 쉽게 썼습니다. 왜? 우리가 역사를 배우는 이유는 '지식 자랑'을 하기 위해서가 아니라 말 그대로 '있는 그대로 알기' 위해서기 때문입니다. 알아 나가는 과정이 어려울 필요는 없지요.

이 책을 한번 읽으시고 큰 흐름을 이해하신 후에 중국을 여행하시면 정말 중국이 달리 보일 겁니다. 그냥 지나쳤던 베이징 자금성도 이제는 불타는 베이징을 바라보며 자결을 한 명나라 마지막 황제의 울부짖음과 함께 보일 겁니다. 그냥 관광을 가셨던 홍콩도 이제는 홍콩 앞바다에 몸을 던진 남송의 어린 마지막 황제의 울음처럼 보일 겁니다.

제 꿈이 있다면 이 책을 읽으시고 중국사의 큰 맥을 잡으신 분들과 함께 중국 역사여행을 다니는 것이랍니다. 직접 역사의 현장에 가서 제가 직접 여러분께 역사 설명을 해드리는 그런 여행 말이죠.

그런 날이 꼭 오기를 바랍니다. 감사합니다.

참고 도서

《광저우 사람과 문화 읽기》, 리궁민, 다산미디어, 2011

《광저우 이야기》, 강정애, 수류산방중심, 2010

《그때 중국에선 어떤 일이 있었나?》, 임명현, 돋을새김, 2019

《음식으로 읽는 중국사》, 윤덕노, 더난출판, 2019

《이미지로 읽는 중화인민공화국》, 류영하, 소명출판, 2010

《중국 역사와 문화 들여다보기》, 문승용, HUEBOOKs, 2012

《중국, 중국인, 중국음식》, 주영하, 책세상, 2000

《중국사》, 조관희, 청아출판사, 2018

《중국의 두 얼굴》, 양둥핑, 펜타그램, 2008

《중국의 체온》, 쑨거, 창비, 2016

《한글자 중국》, 김용한, 휴머니스트, 2018

《불변과 만변 거젠슝, 중국사를 말하다》, 거젠슝, 역사산책, 2022

《이중톈 중국사》, 이중톈, 글항아리, 2013

《절반의 중국사》, 가오훙레이, 메디치미디어, 2017

《동아시아 속의 중국사》, 기시모토미오, 하마구치노부코, 혜안, 2015

《중국사학사》, 신승하, 고려대학교 출판부, 2000

《하버드 중국사 원, 명》, 티모스 브룩, 너머북스, 2014

《궁금해서 밤새 읽는 중국사》, 김희영, 청아출판사, 2016

《진순신 이야기 중국사》, 진순신, 살림출판사, 2011

《중국사 인물과 연표》, 손잔첸, 나무발전소, 2017